머니 트렌드 2023

45가지 키워드로 전망하는 대한민국 돈의 흐름

머니 트렌드

MONEY 2023 TREND

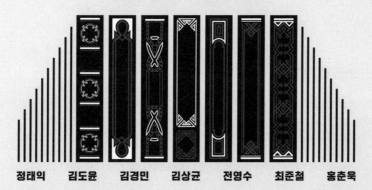

정태익 김도윤 김경민 김상균 전영수 최준철 홍춘욱

북모먼트

격동의 시기에 필요한
단 한 권의 책

2022년 한 해를 돌아보면 '격동'이라는 단어가 가장 먼저 떠오릅니다. 상반기와 하반기의 경제 분위기가 급변하면서 전쟁, 환율, 물가, 금리 등 모든 것이 혼란에 빠지고 우리는 한 치 앞을 예측할 수 없는 불안감에 휩싸였습니다. 코인과 주식 시장이 붕괴되고 급격한 금리 인상으로 부동산 시장마저 하락하는 요즘, 사람들은 여전히 두려워하고 있습니다. 몇 해 전 예기치 않게 맞이한 코로나19 사태가 가져온 아픔이 채 가시기도 전에, 이제는 거대한 경제 위기가 전 세계를 뒤덮어버린 것입니다.

예측 불가능한 미래가 야기하는 불안이 얼마나 큰 영향력을 미치는지 우리 모두가 뼈저리게 체감했습니다. 이런 상황에서 제가 가장 크게 깨달은 사실은 결국 투자 트렌드의 변화를 얼마나 잘 읽어낼 수 있는가가 그 무엇보다도 중요하다는 것이었습니다.

모든 변화는 작은 움직임에서 시작됩니다. 작은 움직임이 반복되면 트렌드가 되고 사회 경제의 흐름을 바꾸며 사람들의 행동과 사고방식까지 달라지게 만듭니다. 그래서 돈의 흐름 역시 그 돈을 벌고 쓰는 사람들이 속한 사회 트렌드 변화와 밀접하게 연결되어 있습니다.

올해보다 더 예측이 어렵다고들 하는 2023년을 눈앞에 둔 오늘, 무엇 하나 속 시원히 해결된 것이 없어 막막한 우리는 그럼에도 레이스를 멈출 수 없습니다. 원치 않더라도 끝이 보이지 않는 터널 속으로 달려가야만 합니다. 그러나 이 터널의 끝은 어디인지, 앞으로 무엇이 달라질지 모두가 궁금해하는 그 질문들에 대해 답하고 설명해주는 책이 아이러니하게도 우리나라 출판 시장에는 없었습니다. 《머니 트렌드 2023》은 바로 이러한 돈의 트렌드에 대한 갈망이 불러온 기획이었습니다. 현실적이면서도 다양한 시각에서의 경제 전망을 연구하여 한 권의 책으로 정리한다면 많은 사람들에게 필요한 책이 될 수 있기 때문입니다.

이 책에는 한국 경제 전반을 비롯하여 주식, 부동산, 사회 문제, 테크, 인구 등 돈과 밀접한 분야의 최고 전문가 7인을 모아 2023년 돈의 흐름에 대한 전망을 총 45가지의 키워드로 선별하여 정리한 내용을 담았습니다. '대한민국 돈의 트렌드'가 어디로 나아가고 있는지 그 캄캄한 길에 작은 등불을 비춰주어, 이제 막 돈에 관심이 생긴 재테크 초보자부터 다양한 자산에 투자하는 투자자, 트렌드를 늘 찾아다니는 마케터나 자영업자, 경제 트렌드와 떼려야 뗄 수 없는 기업 경영자까지 모든 분야의 독자들이 유용한 인사이트를 얻을 수 있는 '국내 유일의 책'이 되기를 희망하며 만들었습니다.

인간은 두려움으로부터 무의식적으로 도망치고 회피하려 하는 본능적 심리를 갖고 있습니다. 복싱 경기에서 누군가 나에게 주먹을 휘두르면 눈을 감지 말고 똑바로 바라봐야 그 주먹을 피할 수 있듯이, 이 책을 읽고 나면 눈앞에 닥친 두려움을 바로 보고 어떻게 대응해야 하는지를 배울 수 있을 것입니다. 위기와 기회는 항상 같이 온다는 말을 잊지 말고, 변화의 파도 속에서 개인과 기업은 어떤 준비를 해야 하는지 각자 원하는 대답을 《머니 트렌드 2023》에서 찾아내기를 바랍니다.

2022년 겨울,

정태익

차례

1장 SHOCKING GENERATION
2023 경제를 전망하다

5장 MONEY-MAKING TECH
돈이 되는 테크를 먼저 익혀라

6장 POPULATION DOWNSLIDE
인구 감소의 파도에서 돈이 보인다

인플레이션　　가치 투자　　　　　　　　돈값의 방향성

AR 글래스

킹달러 갓달러　　　　초저출산율　　　　지구 과부하

자녀라는 부캐　　　유가 상승　　　　행동주의 거버넌스

5G 기술　　　허세 피라미드　　　경제적 자유　　　현질

멀티구독　딩크족　　주거 약자　　　OTT　파이어족 = 부자?

국민연금 고갈　　사치재 세금　　대행 신산업의 성장

2023년 돈의 흐름을 붙잡고 싶다면

리커머스　　무상 보육　　산업로봇 확산　　고령 플랫폼 산업

메타인지　　화폐 전쟁　　가계부채 시한폭탄　　SNS

테크 실망 시대　　주가 하락　　저평가 종목　　　정년 연장

고양이 세대　　　인구 감소　　중국과 미국　　원화 채굴

빈집 방치세　　디지털 화폐　　　고급리 상품

클러스터　　　　　　　　　　　　부울경 메가시티

돈값 vs 시간값　　워케이션　　빅테크 시장　상속세의 피바람
고령화

다사 사회　　**소득세의 개혁**　　NFT FLEX　　위안화 약세

구인난과 구직난　　인구 감소　　포노사피엔스　　죽음 산업

무소비 저축의 시대　　저출생　　신분당선 신혼부부

레이오프　　주택연금　　버티기 기술　　로우리스크 로우리턴

3.0 시대 플랫폼　　**인스타그램＝가상현실게임**

공간 경험　　부자 프리미엄　　암호 화폐

반드시 알아야 할 핵심 머니 트렌드

고금리 시대　　민팅　　골프　　꼬마 빌딩　　소셜 트로피

메타버스 혁명　　로봇세 부과　　**원룸 가스라이팅**

러우 전쟁

분산투자　　**수도권 집중화**　　일자리 불균형

할부 유행　　향상심 없는 세대　　듀레이션　　**스마트폰의 멸종**

영 1인 가구 vs 올드 1인 가구　　쉐어하우스　　무지출 챌린지

제로 코로나 정책　　1인화　　기술직　　**무과금 캐릭터**

1장

2023 경제를 전망하다

SHOCKING GENERATION

슈퍼달러, 킹달러가
주춤하다

2022년 말 경기침체가 가속화되었다고 해서, 2023년을 비관할 필요는 없다. 경제 여건이 어려워질수록 추세를 반전시킬 요인이 부각될 것이기 때문이다. 무엇보다 자산 가격 하락 속에 구직활동에 나서는 사람들이 늘어나며, 경제활동 참가율이 높아질 것이다. 경제활동 참가율의 상승은 곧 실업률 상승 및 임금 인상폭의 둔화로 이어져, 경제 전반의 인플레이션 압력을 낮출 것으로 예상된다. 물론 전쟁이 장기화되며 원유 등 원자재가격 상승 압력이 높아질 수 있지만, 과거 오일 쇼크 때와 달리 유가가 오랜 기간 동안 높은 수준을 유지하기는 힘들 것이다.

정부의 재정정책 방향도 건전성을 중시하기보다는 완화로 방향을 틀 것으로 예상된다. 특히 주택정책에 큰 변화가 예상되는데, 기존 안정화 기조에서 벗어나 적극적인 부양정책으로의 전환이 가속화될 것이다. 대출과 양도세, 그리고 취득세 등 주택거래를 위축시켰던 다양한 부문에 대한 손질이 예상된다. 사심을 담아 이야기하자면, 분양가 상한제도 폐지 혹은 대대적인 개정이 이뤄질 것으로 기대된다.

2022년 하반기부터 급속도로 강세를 보여 일명 '킹달러, 갓달러'라고 불린 달러도 2023년에는 진정될 가능성이 있다. 강세를 이어간다고 해도 경사가 완만해질 것이다. 미국 금리 인상의 강도가 완화될 가능성이 높은 데다, 경기가 악화된 중국도 시진핑 주석의 3연임 이후 정책 기조가 바뀔 것으로 기대되기 때문이다. 아마 시진핑 3연임이나 바이든 중간 선거가 있는 2022년 11월 이후에 정치적 변화가 있을 가능성도 있다.

책 쓰는 시점에서 미국 선거 결과를 알 수는 없지만, 세계 2차 대전 이후 치러진 중간선거는 대부분 집권 정당의 패배로 끝난 바 있다. 1998년 중간선거에서 클린턴 대통령의 민주당이 승리를 거둔 것이 유일한 예외인데, 이는 1934년 이후 처음이었다. 따라서 민주당이 의석을 상실한다면, 바이든 행정부가 강력한 리더십을 발휘하기는 쉽지 않을 것으로 예상된다. 이는 금융시장 참가자들에게 그렇게 나쁜 뉴스는 아니며, 연준의 정책 변화 영향력이 압도적인 국면으로 이어질 것으로 보인다.

2023 불황은 어떤 모습일까

세계 경제가 우크라이나 전쟁을 계기로 스태그플레이션에 빠져들고 있다. 하지만 그 불황은 생각보다 짧고 굵을 수 있다. 유럽과 중국의 경기는 물론 미국도 경기 불황에 진입했고, 우리나라도 2023년에 불황이 닥칠 것이다. 2023년 세계경제의 성장률은 2% 혹은 어쩌면 그 이하 수준으로 떨어질 가능성이 높지만, 2008년 스타일의 금융시장 붕괴를 유발할 것 같지는 않다.

달러에 대한 원화 환율이 2008년을 연상시킬 정도로 상승한 것은 분명한 사실이다. 그러나 대기업 및 시중 은행의 연쇄적인 파산 및 공적자금의 대대적인 투입이 벌어질 징후가 뚜렷하지 않다는 이야기다.

강력한 불황이 닥친 만큼, 자금력이 상대적으로 부족한 중소기업과 스타트업의 어려움이 예상된다. 특히 2021년 이후 진행된 고용 회복의 상당 부분을 이들이 담당했음을 감안할 때, 2023년에는 노동 시장 여건이 악화될 가능성이 높다.

2023년 우리 경제가 겪을 불황은 1997년 스타일이라기보다는 2002년 스타일을 닮을 것으로 본다. 당시 우려는 경제는 수출 부진을 타개하기 위해 카드 발행을 장려하는 등의 내수경기 부양정책을 쓰다 곤경에 처한 바 있다.

외환카드나 LG카드 같은 거대 카드사가 인수되고, 결국 외환은행이 론스타에게 매각되었던 게 이때다. 물론 중요한 시중은행이 망한다는 이야기가 아니라, 공격적으로 돈을 빌려주었던 금융기관의 일부가 어려움을 겪을 수 있다는 이야기다. 이 과정에서 은행의 연체율이 상승하며 은행이 발행했던 코코본드Co Co bond 같은 상품의 가격도 내려갈 수 있다.

코코본드란, 두둑한 이자를 지급하는 대신 경영 위기 상황에서는 주식으로 전환되는 특성을 지니는 채권이다. 최근 발행된 코코본드의 인기가 하늘을 찔렀는데, 이는 아직 국내 투자자들 사이에서 은행 등 1금융권에 대한 신뢰가 굳건하다는 것을 보여준다.

환율이 급등할 때마다 한국 경제는 심각한 불황을 경험한 바 있는데, 이번에는 가계부채 문제가 가장 위험할 것으로 보인다. 2008년 글로벌 금융위기 이후에는 동양, STX, 대우조선해양, 한진해운 등 주요 대기업의 연쇄적인 부실 위험이 부각되었던 것과 대조되는 모습이라 할 수 있다.

미국과 중국을
놓치지 마라

외환위기란 환율이 급등하는 가운데, 정책당국이 시장의 통제권을 잃어버리고 부족한 외환을 구하기 위해 국제통화기금IMF에 구제금융을 신청하는 상황으로 볼 수 있다.

우리나라는 1997년과 2008년 30% 이상의 환율 급등을 경험했는데, 이후의 경제 상황은 전혀 다른 경로를 걸었다. 1997년은 환율이 급등하는 가운데 달러 부채를 갚지 못하는 금융기관과 기업의 연쇄적인 파산이 발생하면서 정부가 금융시장에 대한 통제를 잃어버렸다. 반면 2008년 우리 경제는 수출 부진으로 심한 불황을 겪기는 했지만, 한국은행이 금리를 인하하고 정부가 적극적인 재정 정책을 사용하면서 강력한 경기 회복을 경험했다. 이 둘의 차이는 결국 '통제력'에서 비롯되었다고 볼 수 있다. 2022년 한국 경제는 어느 쪽일까? 정부가 여전히 통제력을 확보하는 가운데 다양한 정책 수단을 사용할 능력을 보유한 것으로 보인다. 따라서 1997년 같은 파국은 일단 시나리오에서 제외하고, 최근의 환율 급등 원인을 살펴보려 한다.

2022년 상반기, 필자를 비롯한 대부분의 외환시장 전문가들은 달러에 대한 원화 환율이 1,300원 전후에서 안정될 것이라고 예상한 바 있다. 그러나 중국이 글로벌 금융시장의 흐름을 정면으로 거스르는 통화정책을 시행한 이후, 금융시장 안정에 대한 꿈은 깨지고 말았다.

중국은 부동산시장의 부진에 대응할 목적으로 2022년에만 두 번, 특히 8월 15일 정책금리를 2.75%까지 인하했는데 이것이 시장에 일종의 부정적 신호를 주었다. 같은 시기 미 연준이 잭슨홀 컨퍼런스에서 "향후 1년 내에는 금리를 인하하지 않을 것"이라고 말하는 중이었기 때문이다.

기축통화 국가인 미국이 금리를 공격적으로 인상하는데, 중국은 금리를 인하해버렸으니 그 다음에 벌어진 사태는 짐작하는 바와 같다. 달러 수요가 폭발적으로 증가하면서 달러에 대한 위안화 환율이 급등했고, 외환보유고도 가파르게 줄어들기 시작했다. 중국 위안화가 급격히 평가절하되니, 한국 원화에 대한 매도 공세도 심화되었다. 외국인 투자자들이 "중국이 저 모양인데, 한국은 괜찮은가"라고 질문하기 시작했던 것이다.

물론 한국은행이 금리를 인상했기에, 한국과 중국은 입장이 전혀 다르다. 그러나 달러에 대한 중국 위안화 환율이 7.0선을 돌파하는데, 한국 외환시장이 아무런 영향을 받을 수는 없는 일 아니겠는가?

경제학자들 입장에서, 이런 사태는 상상하기 힘들다. 왜냐하면 경제학자들은 경제의 주요 주체들(기업이나 국가 등)이 자신의 이익을 극대화하기 위해 행동을 취할 것으로 가정하고 경제를 전망하기 때문이다. 따라서 미국 등 주요 선진국이 코로나 종식을 선언했음에도, 중국이 제로 코로나 정책을 지속적으로 추진하는 것은 예상 밖의 일이 된다.

더 나아가 미국이 금리를 인상하고 있는 상황에서 중국만 금리 인상을 하고 있지 않기 때문에 통화가 약세를 보이고 있고, 당연히 거기서 금리를 인하하면 위안화가 빠져나갈 것인데 과연 금리 인하 효과가 있을까? 없을 것이다. 이런 흐름을 생각했을 때 당연히 중국의 금리 인하 정책을 예측할 수 없었던 것이다.

2022년 9월에 미국 연방공개시장위원회FOMC가 발표한 점도표를 살펴보면, 2022년 말 정책금리 전망치가 4.4%였다. 여기서 중립금리는 2.5%를 유지했다. 앞으로 장기 정책금리는 2.5%라는 전망을 1년째 계속 유지하고 있다. 이것을 통해 우리는 "지금 벌어지고 있는 인플레는 일시적이다"라는 뜻으로 해석할 수 있으며, 이 상황이 진정되면 다시 금리를 인하해주겠다는 의미로도 해석할 수 있다.

실제로 점도표를 살펴보면 FOMC 멤버들의 2024년 금리 전망은 다른 년도에 비해 대단히 넓은 폭에 분포되어 있다. 지금보다 금리를 1% 포인트 인하할 거라는 전망도 있다. 이런 전망 속에는 "현재의 금리 인상은 너무 세다, 경제의 성장 탄력을 망가뜨릴 것이다"라는 의미가 담겨 있는 것이다.

◆ 2022년 9월 FOMC 점도표

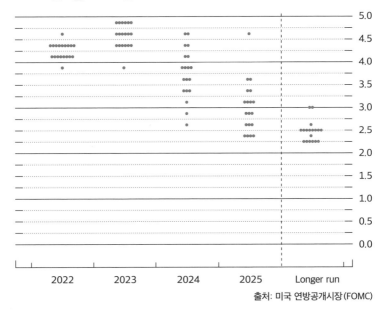

출처: 미국 연방공개시장(FOMC)

경제 성장 탄력을 망가뜨린 결과로 인플레이션을 잡겠지만, 실업률은 앞으로도 계속 상승할 가능성이 높다. 실업률은 전형적인 경기 후행 지표이기에, 경기가 나빠지고 인플레 압력이 사라진 뒤에도 한참 동안을 오르는 게 일반적이기 때문이다.

2022년 말부터 한 6개월 정도는 금리를 더 인상할 수도 있다는 전망에 동의한다. 그런데 채권은 어차피 장기 투자로 보고 매입하는 경우가 많으니 초장기인 30년이나 10년짜리는 쉽게 살 수 없어도 3년이나 5년짜리 채권을 사두는 것은 충분히 매력 있는 선택이다. 그런 매력을 알아보고 점차 장기물 채권에 대한 수요가 조금씩 생길 확률이 있다. 정확히 언제가 고점인지를 알 수 없으니 2022년 말부터 2023년에 걸쳐 구매하다 보면 아마 채권 금리 고점을 찾을 수 있을 것이고, 그 뒤로는 어마어마한 수익이 생길 것이다.

채권금리가 변화할 때, 채권가격이 어떻게 반응하는지 측정한 것이 듀레이션Duration이다. 통상적으로 채권의 만기가 길면 듀레이션이 길어지고, 채권 만기가 짧으면 듀레이션도 짧아진다.

예를 들어, 4%의 이자를 지급하는 10년 만기 채권 A의 듀레이션이 7이라고 가정해보자. 갑자기 시장금리가 3%로 내려가면, 이 채권의 가격은 7% 상승할 것이고 이자는 그대로 4%를 받을 테니 A채권 투자로 연 11%의 수익을 거두게 된다. 따라서 장기적으로 볼 때 금리가 떨어질 가능성이 높은 시기에는 채권을 사두는 게 이익이다.

반대로 채권금리가 오를 때에는 상대적으로 듀레이션이 짧은 단기채가 투자하기 좋다. 2023년 상반기 정책금리의 인상이 중단되면, 채권투자의 적기가 시작될 것으로 기대된다. 물론 시장금리의 하락이 본격화되면, 주식 시장은 "경기는 나쁘지만 금리가 인하된

듀레이션: 1% 변화에 따른 가격 민감도

10년짜리 국채의 듀레이션=7
금리가 1% 내리면 → 채권 가격 7% 상승
금리가 1% 오르면 → 채권 가격 7% 하락

데 힘입어 주가가 상승하는" 금융 장세를 경험할 것으로 기대된다.

우리나라에 직접적인 영향을 주는 미국의 금리와, 물리적으로 인접해 있기 때문에 어쩔 수 없이 큰 영향을 주는 중국, 그 두 나라의 경제 정책을 늘 염두에 두고 국내외 뉴스를 살피며 우리나라의 금리가 그들의 영향을 받아 오를 것인지 떨어질 것인지를 예측하며 채권을 사 모으는 것이 좋겠다.

끝나지 않는
전쟁

2023년 상반기 인플레는 2022년 말에 비해 약화될 것으로 기대된다. 2022년 2월에 러시아-우크라이나 전쟁이 발발했고, 1년이 지나는 시점에는 기저효과Base Effect가 소멸되기 때문이다. 2022년 연말에 러시아에서 동원령, 강제 징집 등의 뉴스가 나오긴 했지만 전쟁으로 인한 인플레이션의 충격이 2022년 상반기보다 더 커질 것 같지는 않다. 물론 러시아의 핵무기의 사용 같은 끔찍한 비극이 발생한다면 이 가정들은 모두 빗나가겠지만, 현재로서 그 가능성은 매우 낮은 것으로 판단된다.

◆ **세계 액체 연료 생산과 소비 그래프**

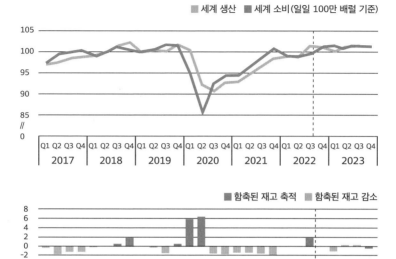

출처: 미국 에너지관리청(EIA)

　　2023년에도 러시아-우크라이나 전쟁이 지속되느냐의 여부와 상관없이 유가는 하락할 가능성이 높다. 미국 에너지정보청EIA의 전망에 따르면 미국산 셰일 오일 생산이 꾸준히 늘어나는 가운데, 2023년 하반기에는 글로벌 원유 시장의 수급이 균형 상태에 도달할 것이라고 전망했다. 고용율도 높지 않고 투자도 별로 없는데 생산량이 꾸준히 늘어나고 있음을 감안하면, 에너지를 비롯한 국제 상품가격은 지금보다 낮은 수준에 형성될 것으로 예상된다.

전쟁 발 인플레이션은 언제나 그랬듯 1년 정도 지나면 해결이 될 수 있을 것이라 본다. 1991년 걸프 전쟁, 2003년 이라크 전쟁 때도 비슷한 과정을 겪었다. 1970년대의 오일 쇼크 때는 중동 이외에 석유 생산이 늘어나는 곳이 없었고, 미국은 이른바 '피크오일' 속에서 생산량이 급격히 감소하는 중이었다. 특히 유가가 장기간 낮은 수준을 유지했기에, 석유 소비를 절제해야 한다는 의식 자체가 없었으니 그 충격이 클 수밖에 없었다. 반면 지금은 그런 상황은 아니기 때문에 전쟁 때문에 수년 씩 힘들지는 않을 것이다.

그러니 내년 경기를 너무 부정적으로 바라보거나, 인플레이션으로 인해 벌어지는 사태를 과하게 비관하지 않아도 좋다. 실제로 불황이 오면 실업률이 급격히 빠른 속도로 올라가지만 경제활동 참가율 역시 서서히 올라간다. 일자리를 구하려는 사람이 늘어나면서 자연스럽게 임금이 떨어지고 혁신적인 기업을 중심으로 투자 시작되며 경기 불황이 끝을 볼 가능성도 있다.

사람들은 이런 불황이면 집세와 물가를 크게 걱정하지만 미국 최대 온라인 부동산 플랫폼 질로우Zillow에서 발표하는 '질로우 렌트 프라이스 인 넥스트' 같은 자료를 보면 미국 역시 부동산 가격이 8개월째 뚝뚝 떨어지고 있다. 임대차 계약이라는 건 그 수치가 한 번에 경신되는 것이 아니라 누적적으로 반영되니 내년 이맘때쯤 되면 지금보다도 집세가 많이 내려가 있을 가능성이 크다.

이 정도라면 내년 하반기까지 인플레이션은 3% 전후까지 떨어질 것으로 전망된다. 실업률이 4%를 넘어 5%까지 오르면 중앙은행 입장에서도 부담스럽기 때문이다. 미국 물가는 2%가 목표인데, 그 목표에 도달하지 않았어도 금리를 인하한 적이 많다. 그러니 비관적으로 보기보다는 기회가 올 것에 대비하여 차근히 자산을 모아두고 투자의 적기를 잡기를 권한다.

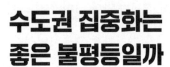

수도권 집중화는
좋은 불평등일까

인구가 감소한다는 사실이 집값 하락에 직접적인 영향을 미칠까?
물론 일부 지역에서는 악영향을 미칠 수 있다. 그러나 2040년까지
수도권과 중부권의 인구가 계속 늘어날 것이라는 통계청의 전망을
참고할 필요가 있다. 좋은 일자리와 대학이 밀집된 수도권으로의
집중화가 계속될 것이고, 1인 가구 주도의 가구 수 증가 가능성이
높다.

　지난 20년 동안 그래왔듯 우리나라 경제가 꾸준히 성장할 수만
있다면 1인당 소득은 지금보다 높은 수준에 도달할 것이기에, 물리

적 공간이 넓으면서도 각종 설비가 잘 갖춰진 주택에 대한 수요는 꾸준히 높아질 것이다. 금리 및 공급 여건을 눈여겨보아야겠지만, 서울이나 경기도 등 수도권의 주택가격이 인플레 및 경제성장의 속도를 따라가지 못하는 일은 없을 것 같다.

정부 차원에서 세종시와 각 지역의 혁신도시를 만들어서 강력하게 지방의 부흥을 도모했는데도 수도권 집중화는 해결되지 못했다. 물론 세종시의 집값이 한때 급등했지만, 서울 주택가격에 도달하지 못한 채 무너지고 말았다. 그만큼 우리나라 국민들의 서울 집중도가 높으며, 적어도 지금 세대가 살아가는 한은 어려울 것이다.

가장 큰 이유는 좋은 일자리가 서울에 많이 몰려 있기 때문이다. 기본적으로 좋은 일자리는 좋은 학교 옆에 생긴다. 스타트업이 대표적이다. 똑똑한 학생들은 학교 근처에서 창업을 시작한다. 인턴을 채용하는 기업들 입장에서도 능력이 뛰어난 직원을 채용해서 성과를 보이면 국가에서 지원도 받을 수 있다. 그럼 학생과 기업 모두 윈윈이다. 학생들 역시 대학교와 연결되어 있는 지하철 노선 인근의 회사에 취직하는 게 여러모로 유리하다. 기존의 생활권을 그대로 유지할 수 있고, 대학 친구들과의 만남도 이어갈 수 있으며 새로 생긴 업무적인 네트워크도 관리하면서 커리어를 쌓는 데 도움까지 되기 때문이다.

그래서 세계적인 클러스터industrial cluster(산업집적단지), 그 혁신의 중심지 주변에서 수많은 일자리가 생긴다. 세계에서 가장 강력한 클러스터는 도쿄-요코하마 클러스터다. 그래서 도쿄는 1991년 역사적 최고가였던 집값을 2021년에 뛰어넘을 수 있었다. 그런 곳은 집값이 쉽게 하락하기가 어렵다. 일본의 토지 가격은 실제로 오르지 않고 있고, 오히려 코로나 여파로 인하여 하락하기도 했는데 실제로 도쿄-요코하마 클러스터 인근 맨션의 가격은 꾸준히 오르고 있다.

우리나라에도 그런 클러스터가 있을까? 서울-세종-대전 라인이 그런 클러스터라고 볼 수 있다. 전 세계 정보통신 산업의 클러스터 랭킹 1위가 일본 도쿄, 2위가 홍콩 선전 광저우, 3위가 베이징, 그리고 4위가 대한민국 서울이다. 참고로 미국 실리콘밸리는 세계 5위이며, 파리는 10위, 런던은 19위에 불과하다.

세계 최상위권의 클러스터를 가진 나라는 대부분 강대국이며, 또 클러스터 주변에 인구가 집중되는 것은 당연한 이치다. "수도권

◆ 각 국가, 지역 상위 과학기술 클러스터 중 2022년 100위권 이내 순위

순위	클러스터명	국가	2021년에서의 순위 변화
1	도쿄-요코하마	JP	0
2	선전-홍콩-광저우	CN/HK	0
3	베이징	CN	0
4	서울	KR	0
5	세너제이-샌프란시스코, CA	US	0
10	파리	FR	0
19	런던	GB	0
23	쾰른	DE	-2
25	암스테르담-로테르담	NL	-2
26	타이페이-신주	TW*	0
30	텔아비브-예루살렘	IL	-2
31	모스크바	RU	-1
32	테헤란	IR	0
33	싱가폴	SG	-2
35	스톡홀름	SE	0
36	에인트호번	NL/BE	-2
39	멜버른	AU	-2
46	이스탄불	TR	4
47	브뤼셀	BE	-4
48	마드리드	ES	-1

출처: GIPO(2022), "Global Innovation Index 2022"

집중화가 문제"라는 이야기는 꾸준히 들려오지만, 이 덕분에 한국이 세계 톱 레벨의 클러스터를 가질 수 있게 되었음을 잊지 말아야 할 것이다.

밀리니얼 세대는 대부분 도시에서 태어났기에 X세대나 베이비붐 세대들이 느끼는 전원에 대한 그리움을 갖고 있지 않은 계층이다. 우리가 밀레니얼 세대를 수십 년에 걸쳐 도시인으로 키워놓고, 이제 와서 지방으로 내려가라고 무작정 강요할 수는 없다. 따라서 저출산 고령화 속에 지방이 소멸된다는 것을 빠르게 인정하고, 차라리 지방에서 거주하거나 사업을 하는 사람들에게 인센티브를 주는 방식이 더 나을 수도 있다. 지방으로 인구를 모이게 해서 지방 토지에 다양한 스마트팜이 들어설 수 있게 제도적 장치를 마련하는 등 현실적인 대안을 충분히 세울 수 있다. 지방에 사업성이 있는 대농장, 대기업이 들어올 수 있도록 지원을 해주면 한국만의 새로운 산업 집적 단지가 생길 수도 있기 때문이다.

우리 집의 시한폭탄
가계부채

2022년 말부터 시작된 가파른 금리 인상은 가계부채에 부담을 줄 수 있다. 그러나 경제 전반을 이끄는 기업들이 무너지지만 않으면 가계부채는 어느 정도 관리가 가능하다. 2008년 미국 글로벌 금융위기 때처럼 경제 위기에서 가계부채까지 불어나면 서로 맞물리면서 문제가 커진다. 그런데 우리 가계가 2008년처럼 위험한 상태는 아니라고 보인다.

물론 2기 신도시를 중심으로 공격적인 갭투자에 나섰던 이들이 큰 경제적 어려움에 처할 것이라는 주장에는 공감한다. 다만 이게

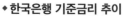

◆ **한국은행 기준금리 추이**

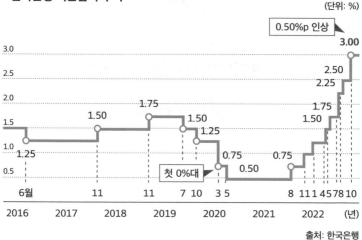

(단위: %)

출처: 한국은행

전국적인 현상인지에 대해서도 면밀히 살펴볼 필요가 있다는 이야기다.

빚을 과도하게 진 사람들이 주택가격의 하락을 계기로 연쇄적으로 파산하며 은행 등 금융기관에까지 손실을 입힐 가능성을 부인할 수는 없다. 다만, 이것이 전체 금융 시스템의 붕괴로 연결될 것 같지는 않다. 2008년 미국처럼 시티나 뱅크오브아메리카 같은 거대 은행이 연쇄 파산하는 사태가 발생할 것으로 보지 않는 이유는 크게 보아 두 가지 때문이다.

첫 번째는 정부의 규제가 너무 강했다. 최근에 들어서 조금 완화되기는 했지만, 15억 이상의 고가 주택에 대해 아예 주택담보대출을 해주지 않을 정도였다. 두 번째는 은행들이 너무 건전하다. 국제결제은행BIS 기준 자기자본 비율은 대부분 15%를 넘기고 있으며, 보통주로 측정된 자기자본비율도 10%를 훌쩍 넘길 정도로 건전하다.

물론 일부 은행이 부실을 감추었을 수도 있고, 보험이나 증권 등 이른바 2금융권의 부동산 프로젝트 파이낸싱 대출에 위험이 있을 수도 있다. 그러나 그런 일은 매번 있었다. 2011년 하우스푸어 사태 때도 저축은행은 붕괴됐지만 경제가 무너지지는 않았다. 분명히 경기는 나빠지겠지만 거시 경제 차원에서 봤을 때는 충격이 짧고 굵을 것이라 볼 수 있다.

가파른 금리 인상은 가계부채에 더 큰 부담을 줄까? 물론 줄 수 있다. 그런데 우리나라 전체 신규 주택 담보 대출의 절반 정도가 고정금리 대출이다. 예전에는 거의 100% 변동금리였는데 그때에 비해 많이 줄었다. 실제로 주택금융공사에서 운용하는 U-모기지론이나 보금자리론 등을 2021년 말쯤 2%대 금리에 30년 상환 조건으로 많이 빌렸다. 2022년에 들어서는 4%로 올랐지만 주택 시장에 새로운 매수 수요가 없다는 게 집값 하락의 원인이지, 그때 돈을 빌려 간 사람들이 금리 2% 인상분을 못 갚아서 파산한다는 것은 어불성설이다.

예를 들어 어떤 사람이 자기 집이 10억인 줄 알았다가 갑자기 8억이라는 평가를 받으면, 당연히 소비를 줄일 것이다. 미래에 대한 불투명함으로 불안해지면서 이로 인해 소비 심리가 위축되고 경기 침체 현상이 나타날 수 있다는 것에는 동의하지만, 그것이 개인의 파산으로 이어질 정도는 아니라는 것이다.

자금 운용에 문제가 생겨 급매물로 팔아야 한다면 문제가 될 수는 있겠지만, 당장 한 푼도 없는 게 아니라면 벌어지지 않을 문제다. 어느 정도는 버틸 수 있다는 이야기다. 그걸 못 버텨서 연쇄 붕괴로 경매 매물이 쏟아질 거라는 전망은 금리가 20%까지 오를 때 가능한 시나리오다. 하지만 지금은 어느 정도 지출을 줄이면서 버틸 수 있는 여력은 된다고 본다. 가계가 보유하고 있는 금융자산 대비 그 금융부채 평균을 보면 약 18%(2020년 기준) 밖에 안 된다. 이 정도 부채는 예금만 인출해도 갚을 수 있는 사람들이 많다.

인플레가 이렇게 심각한 상황에서 확장적인 재정 정책, 즉 재난지원금을 예전처럼 크게 뿌리기는 어렵다. 최근 영국 트러스 정부가 무너진 데에서도 확인되듯, 미국이 긴축할 때 혼자만 재정 확장에 나서는 것은 큰 위험을 무릅쓰는 일이기 때문이다. 이미 2023년 예산안이 긴축적으로 편성되고 있기에, 경기의 반등을 기대할 만한 요소를 찾기 어려운 게 현실이다.

따라서 내년에는 미국 등 선진국 정책당국의 태도를 보아가면서 추가경정예산(본 예산 이외에 별 도로 편성하는 예산)을 편성할 가능성이 높은 것으로 판단된다.

필자가 정책당국자라면, 지금 당장 투기과열지구 지정을 해제할 것이다. 주택가격이 급락하는 데 투기 과열이라는 용어를 붙여 특정 지역의 가격을 규제하는 게 타당하지 않기 때문이다. 더 나아가 분양가 상한제 등의 과도한 규제를 완화해 재건축, 재개발 추진의 어려움을 덜어주는 것도 필요하다 본다.

수요가 상대적으로 약한 상황에서는 공급이 시장에 미치는 영향이 큰데, 이럴 때 공급의 미스매치가 생기면 자칫 큰 위기로 이어질 수 있다. 그럴 때는 연쇄적인 투매 현상(채무자나 채권자가 자산을 시장 가격보다 훨씬 낮은 가격에 팔려는 현상)이 나오는 것을 막아야 한다.

정리하자면 취득세 부분에서 두 번째 주택은 중과세에서 일반과세로 전환될 것이고, 양도세 같은 규제에서 자유로워지거나 다주택자를 위한 대출도 완화될 것이다. 이런 이유들로 2023년은 정책적으로 대전환의 전조들이 많이 보인다.

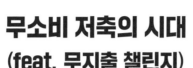

무소비 저축의 시대
(feat. 무지출 챌린지)

젊은 세대 입장에서는 2022년에 소득이 급격하게 늘어나지도 않고 자산시장에 참여해서 큰돈을 벌지 못한 사람이 많다 보니, 고물가 시대에 '욜로'나 '플렉스' 대신 '무지출 챌린지'처럼 소비를 아예 줄이는 이들이 늘고 있다. 요즘에는 MZ세대 사이에 오히려 아끼는 게 힙한 유행처럼 느껴지기까지 한다.

암흑 같은 이 터널을 통과하기 위해서는 허리띠를 졸라맬 수밖에 없을까. 사실 이런 유행은 사회적으로 건전한 현상은 아니다. 무소비가 확장되면 지금보다 더 극심한 경제 침체를 부를 것이기 때문이다.

2021년부터 2022년에 걸쳐 전형적인 과시성 소비가 유행했었다. 명품 시계, 수입 외제차에 웃돈까지 붙어 거래되는 일도 흔했다. 그런 소비와 반대로 살겠다는 것을 나쁘다고 말할 수 없고, 경제 위기에서 소비를 줄이는 것은 정상적인 흐름이지만 이런 현상이 장기화되지 않도록 경계해야 한다.

기본적으로 사회생활을 처음 시작하는 젊은이는 재테크에 관심을 가질 것이고 그러기 위해서는 목돈을 모으기 위한 저축을 많이 할 것이다. 저축을 하기로 결심했다면 단기간이더라도 기존의 소비 습관을 다 잊고 더 확실하게 지출 다이어트를 하는 것도 좋겠다. 다음으로 중요한 것은 주식이나 채권을 모으거나 미국 부동산 투자인 리츠 투자를 하겠다는 등 구체적인 행동 계획을 구상하고 실행하는 것이다. 무작정 현금만 모은다고 미래가 달라질 수는 없기 때문이다.

미국 리츠, 사도 될까?

리츠REITs, Real Estate Investment Trusts란 부동산투자신탁 증권의 약자로, 소액의 투자자들이 부동산에 투자할 수 있는 펀드라 할 수 있다. 다만 일반 펀드와 달리, 주식시장에 상장되어 주식처럼 편리하게 거래할 수 있다는 것이 장점이다. 최근 1, 2년을 놓고 봤을 때 한국 부동산이나 미국 리츠가 모두 상황이 안 좋았지만 미국 리츠의 좋은 점은 배당이 확실하다는 점이다. 배당 수익률이 높아질 만한 이슈가 있거나, 잘 분산되고 거래량이 많은 리츠를 사면 굉장히 매력적인 성과가 나온다.

미국 부동산 경기가 좋아지면 미국 리츠 가격이 오를 것이고, 또 월세 이율도 미국이 높기에 배당금도 두둑하게 받을 수 있다. 만에 하나 경기 불황이 장기화되어 미국 집값이 더 크게 빠질 위험을 배제할 수 없지만, 대신 달러 자산이기에 환율의 상승이 리츠 가격의 하락을 보상해줄 것으로 기대된다.

한마디로 한국 부동산에 무조건 베팅하는 것은 이제는 좋은 전략이라고 볼 수 없다. 수년 전만 해도 한국 부동산 투자가 굉장히 좋은 전략이자 우월한 전략이었으나, 이제는 "돈만 모으면 집을 사야 된다, 재테크의 첫출발은 자기 집 마련이다, 돈을 모으고 주식 투자를 하는 이유는 애초에 집을 사기 위함이다"라고 하는 데에 동의하기 어렵다.

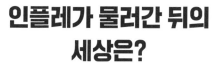

인플레가 물러간 뒤의
세상은?

현재 경제상황은 80년대 초반과 매우 비슷하다. 폴 볼커Paul Adolph Volcker 연준 의장이 금리를 인상하기 직전, 세계 금융시장의 참가자들은 '달러 이후의 세계'를 둘러싸고 많은 논쟁을 벌였다. 달러의 패권이 끝난 후에는 어떤 미래가 펼쳐질 것인지를 둘러싼 논쟁에서, 대부분 거론한 자산은 금이었다. 국제 금값이 1971년 이후 10년 만에 30배 상승한 데에는 이런 배경이 자리 잡고 있다.

그러나 1980년 볼커 연준 의장이 정책금리를 20%까지 인상해 인플레이션을 잡음으로써, 이 모든 논쟁은 종결되었다. 인플레이션이 10% 전후인데 정책금리가 20%이니, 모든 투자자들이 미국 달러 예금으로 몰려들었던 것이다. 역사상 유례없는 달러 강세 속에 '달러 이후의 세계'를 둘러싼 논쟁은 끝났고, 슈퍼 달러의 시대가 출현했다.

이번에도 비슷하다. 인플레이션이 2021년부터 발생하고 있었음에도 연준은 여러 이유를 들어 금리 인상을 미루다 결국 2022년 공격적인 금리 인상을 단행함으로써, 세계 금융시장은 80년대 초반 이후 가장 강력한 달러 강세를 경험하는 중이다. 더 나아가서 중국이 제로 코로나 정책으로 도시 봉쇄를 강행하면서 오히려 안티 차이나 블록인 인도나 동남아의 장이 좋아지는 현상으로 이어지게 만들었다.

인플레이션이 이렇게 9%대까지 가고, 경제전문가들이 놀랄 정도로 사전에 예측하지 못한 것은 갑작스러운 전쟁의 발발과 중국이 제로 코로나 정책을 3년이나 유지할 줄은 예측하지 못했기 때문이다.

그렇기에 전문가의 주장이라고 해서 그 의견을 맹목적으로 따를 필요는 없다. 어떤 사건이 벌어진다면 또 다른 일들이 연쇄적으로 벌어질 거라는 건 모두가 예측할 수 있다. 2월에 전쟁이 일어난 것을 보고 이후 인플레이션이 엄청나겠다는 생각은 누구나 할 수 있다.

이런 상황에서는 미래를 예측하여 돈을 벌겠다는 다짐보다는, 적절한 상황(전쟁, 인플레, 금리 인상, 금리 인하)에 맞춰서 어떤 상품을 운용할지 계획이 우선되어야 한다.

2023년, 전쟁이 끝난다면?

2023년 우크라이나 전쟁이 끝난다면, 세계 주요국의 정책금리는 동반 인하될 것으로 기대된다. 미 연준이 매파적인 태도를 보이고 있지만, 80년대 초반 이후 연준은 실업률이 분기 1% 포인트 이상 상승하며 5%선을 뚫을 때마다 금리를 인하한 바 있음을 잊어서는 안 된다.

실제로 과거를 돌이켜보면 실업률이 내려갈 때는 천천히 내려가지만 올라갈 때는 급반등한다. 경제는 그렇게 생겼다. 경기 침체가 올 때마다 실업률이 올라갔다. 2020년은 코로나 때문에 올라갔다. 이번에도 실업률이 급등하면 금리에도 변화가 나타날 것이다.

국민연금,
내 몫까지 남아 있을까?

우리나라에 저출생 고령화가 가속화되면서 국민연금이 빠르게 소진되는 것에 대한 우려가 늘고 있다. 정말 이대로 국민연금은 고갈되는 것일까? 과연 고령화 사회가 우리에게 나쁜 영향만 미치는 것일까?

1990년대만 해도 나이가 60을 넘어서면 노인으로 규정할 수 있었지만 이제는 그렇지 않다. 지금은 평균 수명이 연장되어 20년을 더 산다. 여성의 수명은 남성에 비해 5년 이상 더 길다. 이렇게 건강이 더 좋아졌기에, 한국의 실버 세대는 은퇴를 미루거나 혹은 등산 같은 적극적인 액티비티를 즐기곤 한다.

우리 사회가 고령화되고 있는 것은 맞지만, 이런 영피프티(젊게 사는 50대)가 있기 때문에 현실적으로 사회가 늙어가고 있다는 걸 느끼려면 최소 5년이 더 흘러야 한다. 1990년대 초반에 대기업과 금융기관에서 대규모 채용이 있었고, 이때 취직한 사람들이 현재 고소득 연봉을 받는 좋은 직장에 있는데, 이 세대가 이제 5년 안에 은퇴를 하기 때문이다.

4차 산업혁명인 정보통신혁명에 가장 적응을 잘한 이들은 젊은 사람들이다. 유튜브가 새로운 대세가 될 것이라는 사실을 알았더라도 50대 중에 실제로 유튜브에 도전한 사람은 많지 않다. 왜냐하면 이렇게 나이 든 사람은 기득권층이고, 나이가 들수록 유연성이 떨어져서 전환 비용이 크기 때문이다. 그래서 나이 든 이들, 은퇴자들은 지금 시기에 적응하기 힘들며 더 나아가서 현재 진행되고 있는 4차 산업혁명을 촉진시키기보단 저항하는 쪽에 가까워진다.

가장 대표적인 것이 현대 자동차다. 현재 연봉 1억 이상을 수령하는 근로자들이 수만 명에 이르는데, 이들 대다수가 50대다. 따라서 이들의 은퇴는 기업의 인건비 부담을 줄여줄 뿐만 아니라, 능력 있는 젊은 세대의 채용으로 연결될 것이다.

이처럼 세대 교체가 이루어지면 5년 안에 우리나라 기업들의 수익성이 많이 올라갈 것이다. 인구 구조상 적체된 저생산성 군이 빠지고 4차 산업혁명에 잘 적응한 젊은 세대들이 각 기업의 중추 역할을 하게 되면, 우리 사회는 하루가 다르게 급변할 것이다. 즉, 고령화는 단기적으로는 오히려 행운일 수 있다는 의미다.

또 하나의 행운은 우리나라 금리가 다른 나라에 비해 낮은 수준을 유지할 가능성이 높다는 점이다. 2008년 글로벌 금융위기를 연상시킬 정도로 환율이 가파르게 오르는데도 우리나라 금리가 선진국에 비해 낮은 이유는 어디에 있을까? 어느 정도 자산이 있는 은퇴자들이 4차 산업혁명에 적응하지 못한 데다 코인이나 주식 같은 재테크 시장에 대한 저항감도 커서 적금, 예금에 넣는 돈이 상당수이기 때문이다. 예금으로 묶어두는 돈이 많을수록 금리는 내려간다. 전 세계적으로 비슷한 현상이다.

경제 전반으로 보면 앞으로 안정적인 저축을 더욱 선호할 것이고, 당장은 고금리지만 장기적으로 봤을 때 금리가 크게 오를 가능성이 적다. 경제는 상위 30%의 자산으로 돌아가고 있는데 그들의 돈이 부동산이 아닌 고금리를 활용한 예금으로 들어갈수록 나라 경제에는 오히려 좋을 수 있다는 것이다.

고령화 이야기를 하면 빼놓지 않고 언급되는 문제가 국민연금 이다. 매일같이 뉴스에서는 당장이라도 국민연금이 고갈되어 망할 것처럼 떠들어댄다. 그런 뉴스를 보면 당연히 불안하겠지만 그렇 다고 해서 5년 안에 국민연금이 파산할 것도 아니고, 수익률도 최 근 10년간은 엄청 좋았다가 올해 조금 나빠진 것일 뿐이니 크게 불 안해할 필요는 없다. 이미 많이 오른 수익률 자체가 사라지는 것도 아니고, 조금 떨어진 것뿐이다.

인플레이션이 발생하면 세금이 물가에 연동돼서 자동 증세가 되기 때문에 국가 재정도 좋아지는 측면이 있다. 그래서 고령화가 계속되고 보건복지 비용이 늘어나서 국가 재정이 망가지는 일은 아주 먼 미래에는 있을 수 있겠지만 당장 5년을 놓고 보면 그렇지 않다.

그러나 모든 이들이 걱정하는 국민연금의 고갈 여부는 정부의 개혁에 달려 있다. 우리나라의 연금은 소득이 낮은 이들에게 많은 보상이 지급되도록 설계되어 있는데, 베이비붐 세대의 은퇴가 본격화되고 있어 연금의 지급 부담이 점점 커질 수밖에 없는 구조이기 때문이다. 따라서 연금 개혁이 불가피하며, 현재 50대들은 70세가 넘어 국민연금을 수령할 수도 있음을 어느 정도는 예상하고 대비할 필요가 있을 것 같다.

정부가 나서서 적극적으로 개혁만 한다면 연금 재정은 고갈되지 않을 수 있다. 어떻게 하느냐에 따라 달린 선택의 문제다. 납입료를 올리거나, 국가재정으로 메우면 된다. 대부분의 나라는 이러한 연금을 국가 재정으로 메우고 있는데, 꼭 국민연금 혼자 해야 하는 일은 아니다.

연금 고갈은 인구가 이렇게 줄어들 줄 모르고 설계되었기에 생기는 문제다. 2007년에 노무현 정부에서 연금 개혁을 할 때도 출산율이 반등할 거라고 예측했다. 그렇게 대책을 세웠는데 그 이후로 15년이 지나도록 이렇게 출산율이 하락할 것이라고는 몰랐던 것이다. 그 누구도 알지 못했다.

국민연금 제도를 이번 정부에서 개혁할지, 다음 정부에서 개혁할지는 여전히 알 수 없지만 제도만 개혁된다면 충분히 지속 가능하다. 그러니 미래가 불확실하다는 생각에 휩싸여 굳이 다른 선택을 할 필요는 없어 보인다.

이미 은퇴했거나, 은퇴를 앞둔 사람이 선택할 수 있는 최선의 대안은?

가능하면, 어떻게든 일을 하자. 은퇴 직전인 사람들은 현실적으로 은퇴를 늦추자. 충분히 가능하다. 지금의 60세는 옛날의 60세보다 월등히 건강하다. 은퇴를 이미 한 사람들은 투자하자. 부동산부터 사고 시작하는 재테크는 이제 끝났다. 금융자산을 불려서 여윳돈으로 집을 사든가 하자.

이미 집을 소유하고 있다면 55세부터 주택연금 가입이 가능하기 때문에 집값이 역사상 최고치에 있는 현재 조건이 좋을 때, 주택연금을 가입하자. 집을 꼭 자녀에게 물려줘야 할까? 집을 무조건 물려준다는 것은 옛말이다. 자녀들에게 집을 물려주고 부모에 대한 부양의 부담을 주는 것보다, 이렇게 집을 현금화할 수 있는 방

◆ 주택연금 연금액 예시

(2021년 1월 기준, 일반주택·종신지급방식/정액형 기준)

주택가격	1억 원		3억 원	5억 원	7억 원	9억 원
	(우대형)					
55세	(17)	15	46	76	107	138
60세	(23)	20	62	103	145	187
65세	(28)	25	75	125	175	225
70세	(35)	30	92	153	215	272
75세	(44)	38	115	191	268	293
80세	(57)	48	146	244	327	327

* 부부 중 연소자 기준, 9억 초과 시 9억원과 동일한 금액 지급

출처: 한국주택금융공사

법을 모색하고 공부해보는 것도 좋고, 혹은 투자를 통해 금융자산을 불려 여윳돈을 만드는 방법도 추천할 만하다.

2장

부동산의 새로운 흐름을 읽다

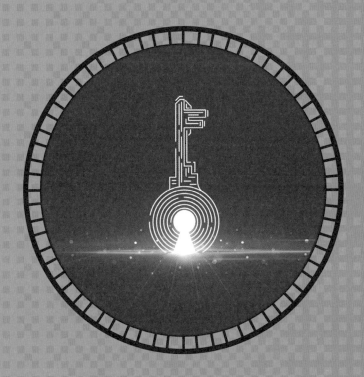

NEW HOUSE WAVE

도시의
미래 가격

서울은 매력적인 도시다. 대도시권으로 보아도 경쟁력 있는 도시다. 또한 대도시권 중에서도 핵심지역이기 때문에 토지 가격은 장기적으로 상승할 수밖에 없고, 아파트 가격도 토지 가격을 따라 상승할 것이다. 그러나 부동산은 기본적으로 상승과 하락을 오가는 사이클이 존재하는 시장이기에, 아무리 상승 트렌드에 있는 시장이라고 하더라도 언젠가 정체와 하락기를 경험하게 된다. 지금 서울은 사이클상 하락기에 해당한다. 최소 1~2년간의 하락장을 거쳐, 2020년대 중반 이후 1~2년간의 정체기를 경험하고 다시 반등이 오리라 본다.

　부동산에 사이클이 발생하는 이유 중 하나는 수요에 대응하는 공급에 시차가 존재하기 때문이다. 즉 특정 시점에 부동산 가격이 폭등하여 정부가 아파트 공급 대책을 내놓는다고 할 때, 실제 아파트 공급은 대책으로부터 짧게는 3년 이후에나 가능하다. 특히 2022년 4분기 현재의 상황은 매우 위급하다. 환율 급등과 레고랜드 사태로 말미암아 금융권에서 부동산 PF 대출을 꺼리고 있는 상황이기 때문이다. 신용도가 괜찮은 시공사와 디벨로퍼마저도 10%대 중반 이상의 이자를 요구하는 상황도 발생하고 있다.

　이러한 상황이 진정되지 않는다면, 부동산 거래절벽이 아닌 부동산 공급절벽을 2020년대 중반에 경험할지도 모른다. 만약 그런 상황이 온다면, 2010년대 중반과 후반의 적정 퀄리티 부동산 아파트 공급 부족과 이로 인한 가격 상승이 2020년대 중후반에 다시 오지 않는다는 보장이 없다.

　전반적인 시장 현황은 권역별 시장(예를 들어 수도권 아파트 시장, 부울경 아파트시장, 대전/세종권 등)마다 전혀 다르게 나타날 수 있다. 그런데 다가올 미래의 부동산 시장은 이처럼 권역별로 가격이 다르게 움직이는 시장이 나타날 뿐만 아니라, 크게 보았을 때 서울 (분당, 과천, 평촌 포함)과 비서울로 재편될 가능성이 높다.

2010년대의 가격 흐름을 보면, 실제로 시장 가격이 권역별로 전혀 다르게 움직였을 뿐 아니라, 서울(분당, 과천, 평촌 포함)을 제외한 다른 도시 가격은 상대적으로 매우 안정된 수준(일부 실질 아파트 가격은 지속적으로 하락)이었다. 따라서 2020~2021년의 기준금리 하락으로 인한 유동성 증가가 자산시장에 영향을 주며 전국적으로 부동산 가격이 상승한 지금의 상황은 기준금리 상승으로 인해 유동성이 잡히면 다시 원점(2019년 4분기)으로 돌아갈 것이다. 그리고 가격의 흐름은 2010년대의 양상이 재현될 가능성이 높다.

2023년 최고의 이슈는 인플레이션의 향배向背다. 사실 인플레이션은 부동산에 좋은 뉴스다. 기준금리 인상 등의 정부 개입이 없다면, 인플레이션이 왔을 때 가장 좋은 투자처는 부동산이기 때문이다.

이는 월세 가격 폭등에서 알 수 있다. 현재 인플레이션은 전 세계적인 현상이며, 이로 인해 글로벌 주요 도시는 모두 월세 폭등을 경험하고 있고 서울도 예외가 아니다. 이러한 경우에 정부의 개입이 없다면, 많은 사람들은 임대료 수입이 급등하기 때문에 너도나도 부동산에 투자하려고 할 것이다.

인플레이션은 기본적으로 현금의 가치가 시간이 지나면서 낮아지는 것을 의미한다. 부동산과 같은 현물의 가치는 고정되는 상황에서 현금의 가치가 떨어진다면, 현물의 가치는 상대적으로 높아지기에 부동산 가격은 상승할 수 있다.

그런데 인플레이션이 강하게 오는 경우, 잇따르는 물가 인상으로 서민들에게 직접적으로 타격을 주어 삶이 매우 피폐해지기 때문에 중앙은행은 인플레이션을 잡는 것을 지상명령으로 삼는다. 따라서 미국 연방준비은행의 사례에서 보듯 인플레이션만큼은 끝까지 잡겠다는 의지를 표명하는 것이다.

그리고 이를 위한 대표적인 전략이 기준금리 인상이다. 그리고 기준금리 인상은 부동산에 부정적인 영향을 줄 수밖에 없다. 기준금리 인상은 국고채 10년물과 부동산 대출 금리 인상으로 연결된다.

즉 기준금리 인상으로 대출금리가 상승한다면, 주택 구입 후 매월 부담해야 하는 주택 담보 이자가 상승하는 것을 의미한다. 만약 인플레이션만큼 근로 소득이 증가한다면 큰 문제가 없을 수 있으나, 문제는 근로 소득 상승 속도가 인플레이션 상승 속도보다 낮다는 점이다. 이에 더하여 과거보다 주택 담보 이자가 높아지면, 사람들은 줄어든 소득(가처분소득)에 더 많은 주택 관련 비용을 내야하는 형편에 이른다. 그러니 당연히 주택 구입을 망설일 수밖에 없다. 그리고 이는 주택 수요의 급감으로 이어진다.

따라서 인플레이션이 왔다면 기본적으로 긍정적인 뉴스일 수 있으나 기준금리 상승으로 인한 수요 위축으로 말미암아 부동산 가격 하락이 나타나는 경우가 대부분이다. 이러한 **부동산 가격 하락은 기준금리 상승이 멈추고 정체된 기간까지 상당기간 이어질 가능성이 높다.** 즉 기준금리 상승이 멈추었다고 바로 그 다음 달 기준금리를 인하하는 것이 아니라, 인플레이션 상황을 지켜보면서 (인플레이션이 꺾이는 것을 확인한 후) 기준금리 인하가 나타나기 시작할 것이다. 그렇다면 상당 기간 부동산 가격은 하락과 횡보할 가능성이 높다.

그럼에도 불구하고 실거주자들은 부동산 매매에 나서고자 할 것이다. 그렇다면 이 경우 세 가지 지표를 확인해야 한다.

첫째, 미국 기준금리 상승이 멈추고 하락하기 시작한 시점을 확인해야 한다. 대한민국 기준금리는 미국 기준금리의 영향권 안에 있다. 따라서 미국 기준금리의 향배가 가장 중요하다. 만약 대한민국 기준금리가 미국 기준금리보다 낮다면, 자금이 대거 빠지면서 환율이 폭등할 것이다. 그리고 이는 수입품 가격 인상으로 이어져, 국내 인플레이션 상승으로 연결될 수 있다.

둘째, 매도 호가 최저가와 거래가 간의 차이가 얼마나 벌어지느냐 그리고 그 차이가 좁혀지고 있느냐를 확인해야 한다. 이는 다음 절에서 설명한다.

셋째, 거래량을 확인해야 한다. 거래량은 가격과 매우 밀접하게 움직인다. 대개 거래량이 많은 경우 가격이 상승하고 반대로 거래량이 적은 경우 가격이 하락한다.

현재 우리가 '거래 절벽'이라는 뉴스를 자주 듣듯이, 거래 절벽은 부동산 수요가 급감하여 없음을 의미하며 이는 곧 가격 하락과 연결된다. 그리고 서울의 경우, 2015년과 2016년 연간 거래량 지표를 봤을 때 그 두 해 거래량이 다른 어떤 년도보다 높았다. 즉 거래량이 폭발한 후, 2010년대 가격 상승이 시작된 것이다.

따라서 현재의 시점에서 부동산을 매수하고자 한다면 위 세 가지 지표를 준거로 가격 매수 시점을 고민하기 바란다.

◆ 참고하면 좋을 기사

매일경제
"월세가 미쳤다"…1년 만에 50%나 폭등한 미국 마이애미

동아일보
맨해튼 아파트 월세 1년 새 42% 폭등… 세입자들 "미쳤다" 비명

한국경제
서민은 어디 가서 사나…5년간 지하층 월세 30.6% 폭등

부동산의 새로운 흐름을 읽다

2023년의 핫플레이스

장기적으로 봤을 때 북촌과 명동, 압구정 로데오 상권 등 과거 떠올랐다가 침체된 1세대 상권이 다시 떠오를 것으로 예측된다. 그리고 핫플레이스가 다수 분포된 6호선 라인과 을지/충무 클러스터가 확장되어 만나면서, 신당역 인근이 새로운 핫플레이스로 성장할 것이다.

명동의 경우 외국인 관광객들의 유입이 관건이나, 애플이 국내 최대 규모 매장을 오픈한 점은 명동의 상징성을 잘 보여주는 케이스다. 또한 명동이 외국인 관광객 위주의 상권으로 바뀌었다고는 하나, 특정 공간(페이지명동의 몰또, 더 스팟 패뷸러스, 명동숙희 등)은 젊은 한국인들에게 사랑받는 공간으로 떠오르고 있다. 따라서 앞으로는 지역보다 그 안에 어떤 콘텐츠를 채우느냐가 더 중요해질 것이다.

일제시대 문화주택단지가 존재했고 서울에서 쌀 유통의 중심지 역할을 한 중앙시장이 있는 신당동, 화교촌이 있었고 50년 이상의 유서 깊은 음식점들이 여전히 즐비한 명동, 20세기 초반 일제의 북촌 개발에 맞서 조선인 디벨로퍼들이 개발한 한옥집단지구가 몰려 있는 북촌까지.

각 지역만이 가진 깊이 있는 콘텐츠를 바탕으로 차별적 경험 공간을 어떻게 만드느냐가 사업의 핵심이 되었다.

쉐어하우스의 확장과
워케이션의 인기

부동산 시장에서도 변화하는 라이프 스타일에 맞춰 새로운 바람이 불고 있다. 그중에서도 쉐어하우스, 즉 공유 주거는 절대적인 대세가 되지는 않겠으나, 점차 하나의 선택지로 자리 잡아 가는 중이다.

노마드적 라이프 스타일이 생겨나고 직업의 성격도 많이 변화한 요즘, MZ세대의 특징 중 하나는 과거 세대보다 가난한 세대라는 점이다. MZ세대가 벌어들이는 소득은 예전의 다른 세대만큼 빠르게 상승하지 않기에, 가급적 생활 비용을 줄이는 전략을 취해 가처분 소득을 높이고자 한다.

　이러한 MZ세대의 생활비용을 줄이자는 전략이 공간에 투영된 것이 쉐어하우스다. 예를 들어 40평형 쉐어하우스의 공간을 보면, 대략 3평 규모의 방이 8개(24평) 있고 나머지 16평은 공유 주방과 거실 등으로 쓰인다. 그렇다면 그 쉐어하우스에 사는 개인 한 명의 입장에서는 본인의 방 3평과 공유 공간 16평, 총 19평 정도를 사용하면서 대략 60~70만 원의 월세를 지불하는 것이다. 강남의 원룸에 거주한다면 10평짜리 집에 대략 월세 80~100만 원을 지불해야 하는데, 쉐어하우스에서는 훨씬 큰 공간인 대략 19평까지 사용하면서 20%나 낮은 월세를 지불하여 개인에게는 더 큰 효용이 발생시킨다. 물론 화장실과 주방, 거실을 공유하는 불편은 있으나 비용 절감 차원에서 얻는 이득이 훨씬 큰 것이다. 따라서 가성비를 따지는 MZ세대에게 쉐어하우스는 좋은 선택지가 될 수 있다.

　시대 흐름에 맞추어 라이프 스타일도 변화함에 따라 공유 주택을 선호하는 사람이 늘어나고 있다. 앞으로는 MZ세대뿐만 아니라 중년, 노년들도 공유 주거 형태를 이용할 가능성이 있다. 실제로 공유 주택 거주가 불편하지 않다는 사람들이 점점 증가하고 있으

◆ 쉐어하우스 공간 구성 (펑크스테이션 역삼)

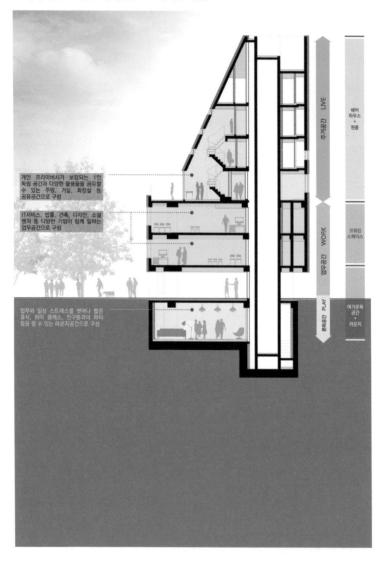

개인 프라이버시가 보장되는 1인 독립 공간과 다양한 물품들을 공유할 수 있는 주명, 거실, 화장실 등 공유공간으로 구성

IT서비스, 법률, 건축, 디자인, 소셜 벤처 등 다양한 기업이 함께 일하는 업무공간으로 구성

업무와 일상 스트레스를 벗어나 짧은 휴식, 취미 클래스, 친구들과의 파티 등을 할 수 있는 라운지공간으로 구성

주거공간 LIVE
쉐어 하우스 + 원룸

업무공간 WORK
코워킹 스페이스

문화공간 PLAY
여가문화 공간 + 라운지

◆ 쉐어하우스 내부 모습(펑크스테이션 역삼)

며, '따로 또 같이'를 추구하면서 외로움을 극복하고자 주변에 누군가를 원하는 사람들도 있다. 혼밥을 하며 유튜브를 시청하는 것도 내심 누군가가 옆에 있어 주기를 바라는 마음이 투영된 것이다.

시골에서 거주하는 노인 1인 가구들은 코로나 전에는 경로당에 함께 모여 살았다. 이것도 공유 주거의 또 다른 형태다. 도시에서도 현재 노인들이 거주하고 있는 케어홈을 보면, 프라이빗한 공간과 함께 문화시설이 구성되어 있다. 공유 주거는 40% 가까이 되는 1인 가구들을 위한 공간으로서 가능성이 있는 모형이다.

한편 코로나19로 인해 많은 기업들이 재택근무를 시행하게 되면서, 많은 사람들이 지방에 내려가 근무하며 온라인으로 직무를 수행하기 시작했다. 특히 IT 업종과 같이 대면 접촉이 상대적으로 덜 중요한 직종의 경우, 재택근무는 프로그래머를 고용하는데 매우 중요한 요건이 되었다.

그리고 일부 기업은 제주와 강릉 등지에 주택을 장기 계약한 후, 직원들에게 한 달씩 내려가 근무하게 하는 편의를 제공하기도 한다. 즉 워케이션work+vacation이 새로운 유형의 근무 형태로 나타나고 있으며, 이를 적극적으로 권하고 활용하는 기업들이 빠르게 증가하고 있다.

◆ 참고하면 좋을 기사

조선일보
CJ ENM이 제주에 직원 120명 보낸 이유는… '워케이션'이
지방경제 살려

서울신문
이번엔 대정에 공유오피스… 디지털 노마드들이여,
워케이션 성지 제주로 옵서

3,000 세대 매도 호가
최저가에 주목하라

2023년은 부동산 하락세가 지속될 가능성이 높다. 따라서 섣불리 매수에 참여하기보다는 본인이 구매하려는 아파트와 비교 단지의 동일 평형대 아파트의 가격 트렌드를 지속적으로 메모해가며 시기를 살펴야 한다.

부동산은 투자 재화 중 가장 큰 상품이기 때문에 반드시 공부해야 하고 리서치를 해야 한다. 그렇기에 가격 하락기를 거쳐 상승기 전이나 상승 초입에 매수를 적극적으로 고려한다면, 반드시 자신만의 포트폴리오를 우선 구성해두어야 한다.

이때의 포트폴리오는 대형 단지들을 위주로 구축해야 한다. 서울에는 대략 33개의 3,000세대 이상 규모의 단지들이 있다. 그렇다면 지역별 다른 지역의 아파트 단지를 5개 이상 선정하고, 이들 단지에서 가장 많은 수의 아파트가 있는 평형대(대개 25평형 혹은 33평형)를 선택해야 한다.

수학에는 대수의 법칙이 있다. 샘플 수가 많을수록 전반적인 패턴을 대표한다는 법칙인데, 이를 아파트 시장에서는 '3,000세대 아파트'에서 찾아볼 수 있다. 2022년 말인 현재 3,000세대 이상 단지에서는 2021년 하반기 최고가 대비 거래 가격 하락폭이 상당히 크게 나오는 경우가 많다. 즉 현재 아파트 가격 하락을 대변하고 있는 곳은 대형 단지들에서 나타나는 것이다. 그리고 이들 단지의 매도 호가 중 최저가도 하락 패턴이 잡히기에, 시장 전반의 가격 하락 흐름을 대변하고 있다고 볼 수 있다.

그런데 꼭, 본인 아파트 단지의 매도 호가는 아직 떨어지지 않았다고 이야기하는 경우가 있다. 그들의 아파트 단지는 단지수가 크지 않은 경우가 대부분이다. 500세대 이하 아파트 단지에서는 이전 거래 가격보다 매도 호가를 오히려 높이 책정한 곳도 있다.

대부분의 주택 수요자들은 동일한 조건에서 보다 큰 단지를 선호한다. 대형 단지가 제공하는 여러 환경적 이득이 있기 때문이다. 따라서 길 건너 3,000세대 아파트는 매도 호가가 30% 하락하였음에도 500세대 아파트 단지에서 과거보다 높은 가격의 매도 호가가 나왔다면, 500세대 아파트는 전반적인 시장 하락을 대변하지 않고 있는 경우이다.

따라서 반드시 대형 세대 아파트 단지의 25평 혹은 33평형대 아파트의 1) 거래 가격과 2) 매도 호가 중 최저가를 한 달에 한번 꾸준히 기록해야 한다.

물론 아파트마다 층, 호수, 동별 가격이 상이하기에 동일 아파트 단지의 동일 평형대 매도 호가에는 당연히 차이가 있을 수 있다. 그럼에도 불구하고 매도 호가 중 최저가를 기록해야 하는 이유가 있다. 매도 호가 중 최저가임에도 매수 문의가 없다는 것은 시장의 본질 가격이 매도 호가 최저가보다 낮게 형성되어 있기 때문이다.

그리고 매도 호가 데이터를 모아야 하는 가장 큰 이유는 매도 호가는 데이터베이스에 저장되지 않기 때문이다. 2022년 11월 현재, 2021년 하반기 신고가가 나왔을 때의 매도 호가가 궁금하다고 한들, 2021년의 매도 호가 자료를 제공하는 사이트는 없다. 따라서 가격 제공 플랫폼에서도 매도 호가 자료를 제공하지 않고 있다면, 이 자료를 모으는 사람은 정말 값진 자료를 갖고 있는 사람이 되며 이를 통한 분석은 다른 사람보다 시장에서 앞선 선택을 할 수 있는 근거가 된다.

일반적으로 가격 상승기에는 매도자들이 이전 거래가보다 더 높은 가격에 매도하고자 한다. 즉 가격 상승기에는 [매도 호가>거래가]의 형태가 일반적이다. 그런데 가격 하락기에는 매도자들이 어떻게든 매도를 하고자 한다면, 당연히 이전 거래 가격보다 낮은 가격에 매도가격을 선택한다. 즉 가격 하락기에는 [매도 호가<거래가]의 형태가 일반적이다.

따라서 지금과 같은 하락기에는 매도 호가와 이전 거래 가격의 차이가 얼마나 벌어지고 있는지를 주의 깊게 살펴야 하며, 매도 호가와 거래 가격의 차이가 좁혀지다가 매도 호가가 거래 가격보다 높아지는 시점이 하락기에서 상승기로 반전하는 시점이 된다는 것을 잊지 말아야 한다.

2023년은 부동산 하락세가 지속될 가능성이 높으니 부동산 시장에서 좋은 수확을 거두기 위해서는 서두르지 말고 다양한 준비를 해야 한다.

첫째, 거대한 패러다임의 변화를 읽어야 한다. 거시경제와 관련된 책들을 많이 보고 나중에 투자 시점이 왔을 때 레버리지를 일으키는 과감한 투자를 할 수 있도록 미리 공부해야 한다.

2008년 금융위기 상황과 2022년의 상황이 어떻게 다른지에 대한 상황을 인지해야 한다. 또한 인플레이션에 대한 미국 당국자의 움직임을 정확하게 바라보는 안목이 필요하다.

그리고 **둘째, 부동산은 반드시 직접 두 발로 돌아다니며 실물을 살펴야 한다.** 주변 지역의 변화를 몸소 체감해야 하기 때문이다. 예를 들어 세운상가 주변에 젊은 MZ세대를 위한 거대 오피스텔 단지들이 건설되고 있고 곧 준공된다면, 이 지역은 상전벽해와 같은 변화를 경험할 것이다. 그렇다면 주변 지역인 을지로 지역의 로컬 모습은 어떠한지, 그리고 이 지역이 문래동과 같은 특징이 있는데 문래동의 현재는 어떠한지, 그렇다면 을지로도 문래동과 같은 핫플레이스로 변화할 가능성이 있는지에 대해 끊임없이 묻고 지역을 살펴야 한다.

아파트 시장의 경우라면, 압구정동 거주자들 중 자식들이 결혼한 다음에 이동하는 지역이 어디인지를 살피는 방식이다. 예를 들어 옥수동 지역으로 이동하였다면 그다음 단계에는 어느 지역으로 이동하는지 등에 대해 리서치를 한다면, 인구 구조의 변화와 지역 이주의 변화, 이동 경로선상의 아파트 단지들에 대한 나만의 리스트를 만들 수 있다. 그리고 이러한 지역 대표 단지들의 가격 흐름을 이해하고 이 단지들 간에 가격 상승의 시작 시점에 차이가 있는지, 차이가 있다면 그 시차는 얼마나 되는지, 하락 시점은 동일한지, 그렇다면 누적 상승률은 다른지에 대한 질문을 하고 그 답을 본인이 직접 구하며 찾는 과정을 겪어야 한다.

다시 강조하지만, 부동산은 가장 큰 재화이기 때문에, 직장 동료들과 함께 엘리베이터를 탔을 때 옆 사람이 '강서구 인근 신도시 아파트가 빠르게 상승한대'라고 말한다고 해서 그 말에 현혹되어 움직여서는 절대로 안 된다. 반드시 본인만의 자료 구축을 통해 여러 아파트 단지의 동일 평형대 가격(분기별 최고가격, 최저가격, 평균가격)을 모니터링해야 한다.

셋째, 투자 시점이 반드시 올 것이며, 그 시점을 대비하여 레버

리지를 일으킬 수 있는 만반의 준비를 해두어야 한다. 부동산과 거시경제를 잘 읽어낸 지인의 경우, 2022년 초반 본인 건물을 담보로 고정금리(3%대 후반) 대출을 미리 일으켰다. 다른 사람들에게는 매우 위험한 전략으로 보일 수 있었으나, 기준금리 상승을 100% 확신하였기에 해당 대출을 단기 저축상품에 적금한 후 오히려 약간의 플러스 이익을 얻고 있다. 그러나 부동산과 거시경제의 흐름을 읽어내지 못한 일반인들에게 이와 같은 전략은 매우 위험하다. 그러니 준비의 일환으로 주거래 은행과 지속적인 네트워크를 만들면서(특히 대출 금리 인하에 대해 약간의 권한이 있는 지점장), 투자 시작 시점에 레버리지를 일으킬 만반의 준비를 미리 하는 것이 좋다.

그리고 대출 실행 전, 여러 은행을 돌아다녀야 한다. 제1금융권이어도 특정 시점에 매출을 올려야 하는 형편이어서 대출금리 특판이 나올 수도 있으며, 대출금액의 한도를 올리는 방법을 알려주기도 한다. 또한 꼬마 건물 투자의 경우 감정가를 잘 받기 위한 전략 역시 중요하며, 꼬마 건물의 경우, 반드시 제1금융권과 2금융권을 다니면서 발품을 팔아야 한다. 부동산 승리의 요건은 발품이다.

마지막으로, 지금 같은 하락 시점에는 소득을 늘려서 현금을 모으는 데 **집중해야 한다.** 경제 시장 전반에서 돈의 흐름을 읽고 그 흐름에 올라타기 위해서는 시류에 편승하지 않아야 한다. 부동산 투자는 조급하면 안 된다. 전체 흐름을 보면서 한 템포 늦춰도 좋다. 부동산은 주식처럼 변곡점을 찍고 바로 급등하는 것이 아니라, 항상 하락 후 정체 기간 동안 저점을 다지는 지난한 과정을 거친다. 따라서 분석의 단위 역시 최소 분기별로 하는 것이 좋으며, 투자 시점을 월별로 고려하지 말고 6개월의 숙고과정을 거치며 천천히 고민해야 한다. 즉 집을 사기로 했다면 결정을 하기 전에 6개월 뒤에 산다고 생각하고 최대한 준비하는 것이 좋다. 물건은 많다는 생각으로 접근하고 여러 물건을 보면서 과감하게 들어가야 한다.

꼬마 빌딩의
움직임

2023년에는 꼬마 빌딩 급매물이 시장에 출현할 가능성이 높다. 2020년과 2021년, 상당한 규모의 대출을 안고 꼬마 빌딩을 구매한 사람들의 경우, 이자 부담에 버거워 물건을 던질 가능성이 있기 때문이다.

꼬마빌딩의 수입을 차분히 들여다보자. 꼬마빌딩의 1층은 대개 리테일(카페, 음식점 혹은 가게 등)이며, 2~4층은 대개 업무시설(오피스, 스튜디오 등)이다. 그런데 코로나19 기간에 우리가 목도한 현실은 리테일 사업이 매우 힘들다는 것이었다. 카페와 음식점의 경우,

코로나19 사태가 다시 심해지면 다시 한 번 엄청난 타격을 받을 수 있기 때문이다.

실제로 지난 2010년 중반 이후, 오프라인 리테일에 문제가 발생하기 시작했다. 미국과 유럽의 대형 백화점과 쇼핑몰은 2010년대 중반 이후부터 아마존과 같은 온라인 기반 플랫폼과의 경쟁에서 밀리면서 큰 타격을 입었다. 많은 수의 백화점과 쇼핑몰이 파산을 신청하기도 했고, 대기업마저도 파산 신청의 위기에 직면했는데, 개인이 운영하는 가게의 형편은 말할 것도 없었다.

대개 리테일은 F&B(요식업)과 패션/액세서리 판매업으로 나뉜다. 이중 아마존과 같은 플랫폼 성장의 직격탄을 맞는 부분은 판매업이다. 또한 배달의 민족과 같은 각종 배달 플랫폼에 요식업들이 종속되면서, 이들 역시 순이익이 줄어 힘들기는 마찬가지다.

다시 말해 리테일을 구성하는 업종들은 현재 업종 자체가 위기에 처해 있는데, 코로나19와 같은 외부 요인으로 인해 더욱 큰 타격을 입고 있는 형국이며 또 다른 외부 요인이 언제 어떤 모양으로 닥칠지는 모르기에 더욱 불안한 상태이다. 따라서 새롭게 뜨는 핫플레이스가 아니라면, 1층 리테일에서 과거와 같은 엄청난 수입을 기대하기는 힘들다.

2층 이상에 입지하는 업무시설을 보자. 앞서 설명하였듯 노마드 적 라이프 스타일이 생겨나며 워케이션 바람이 불고 있다. 굳이 서 울에 근무하지 않아도 되는 상황이 지속적으로 나타나고 있는 것 이다. 따라서 앞으로는 물리적 업무 공간이나 시설에 대한 수요가 과거와 같이 지속되리라 보기 힘들다. 따라서 꼬마빌딩을 매입하 는 경우에는 본인이 받을 수 있는 월세 수입의 현황과 미래에 대해 매우 꼼꼼히 알고 있어야 한다.

이제 마지막으로 비용인 은행 이자를 살펴보자. 꼬마빌딩은 고 정금리 상품으로 대출 받는 경우가 매우 드물다. 대부분 매년 새롭 게 평가를 받고 이자율을 정한다. 그런데 지금과 같이 매우 단기간 에 0.5%에서 3%대로 기준금리가 상승하였다면, 단기간 대출 이자 율의 상승은 의심할 여지없이 확실하게 예측된다.

실제로 주변에서도 1년 전 대출 이자가 400만 원이었으나 현재 600만 원으로 50% 부담이 증가한 경우가 태반이다. 아직 기준금 리 인상이 끝나지 않은 상황이므로, 이자 상승이 지속될 것이라는 전망이 가능하니, 그 부담은 이루 말할 수 없이 커질 것이다.

이에 더해 더 큰 문제는 은행권에서 추가 담보를 요구하는 경우다. 평당 5,000만 원, 총 20억짜리 건물에 대해 감정가 15억 원을 받고, 15억 원의 80%인 12억 원을 대출받았다고 치자. 만약 주변의 비슷한 건물들이 평당 3,000만 원에 거래되고 있고, 1층의 리테일이 임대차를 종료하였다고 하면, 은행에서는 당연히 담보 요건을 강화하려고 할 것이다. 이런 경우 은행은 건물주에게 자본을 추가로 요구할 수 있다.

수입과 비용을 정리하면, 향후의 수입은 현재와 비슷하다고 가정할 때 비용이 매우 빠르게 상승하는 추세이다. 자주 있는 경우는 아니나 추가 담보 요구도 얼마든지 가능하다. 이러한 상황에서 대출금이 지나치게 많이 잡혀 있는 건물은 매각 대상으로 나올 가능성이 높아진다.

다만 서울의 경우, 강남과 비강남 핫플레이스의 꼬마빌딩 가격은 차별적으로 나타날 수 있다. 강남은 2020년과 2021년 꼬마빌딩 가격이 웬만한 아파트 가격 이상으로 상승했다. 그야말로 대폭등 수준이었다. 그리고 당시 매각된 건물들의 투자 수익률은 일반적으로 3%대였으나, 1%대 이하도 많았다. 즉 미래에 오를 것이라는 기대감에 건물을 시가보다 비싸게 산 것이다.

예를 들어 투자수익률이 1%인 건물의 가격이 100억 원이라고 가정할 때, 1년 동안의 임대료 수입은 1억 원에 불과하다. 기준금리가 0.5%인 경우에는 할 수 있는 투자라고 생각될 수 있으나, 기준금리가 3%대 그리고 대한민국 국고채 10년물 이자가 4%인 상황에서는 이야기가 달라진다.

대한민국이 파산할 가능성은 제로다. 따라서 대한민국 국고채 10년물 수익률보다는 부동산 수익률이 더 높아야 한다. 그렇다면 100억 원짜리 건물의 1년 임대료는 최소 4억 원이 되어야 정상이된다. 그런데 여전히 1억 원의 임대료 수입밖에 없는 상황에서 이자가 상승한다면 건물주는 선택의 기로에 설 수 밖에 없다.

따라서 지난 2~3년간 급등한 강남 꼬마빌딩들은 시간이 지나면서 매물로 나올 가능성이 높다. 이에 비해 강북권의 핫플레이스 상권인 북촌, 서촌, 홍대/합정, 이태원 등은 코로나 시기 외국인 관광객들이 사라지고 오프라인 상권 자체에 사람들의 발길이 적어지면서, 심각한 타격을 받았다. 과거보다 음식점과 카페의 장사가 어려워지면서 상권 자체가 크게 쇠퇴하였고 이는 꼬마빌딩 가격의 하락과 정체로 이어졌다.

즉 코로나 기간 강남권 꼬마빌딩 가격은 급등한 데 비해, 강북권은 가격상승이 더디거나 하락하기도 하였다. 그런데 지금은 강남

◆ 상반기 서울시 상업용 부동산 거래량 통계

월별 거래량(단위: 건)

270 289 199 2021년 192 2022년 191 264 303 275 161

10월 11월 12월 1월 2월 3월 4월 5월 6월

출처: 국토교통부실거래가

과 달리 강북의 흐름이 좋다. 코로나19 사태가 수그러들면서 강북의 모든 상권들은 코로나 이전으로 점차 회귀하고 있는 것이다. 실제로 최근 을지로 5가 주변의 대형 비즈니스호텔이 만실로 운영되며 외국인 관광객들의 수가 강북 상권에서 지속적으로 증가하고 있다. 이는 강북권 꼬마빌딩이 강남과 다르게 움직일 수 있다는 가능성을 보여준다. 최소한 강북권 꼬마빌딩의 리테일 수요는 빠르게 회복될 것이며, 이는 가격에 긍정적인 영향을 줄 것이기 때문이다. 그렇다면 강남권 꼬마빌딩의 하락세와는 달리 강북권 핫플

레이스 권역 꼬마빌딩은 상대적으로 다른 양상을 보일 가능성이 있다.

◆ **참고하면 좋을 기사**

한국경제
활기 도는 북촌·삼청동 상권…'제2의 가로수길'은 막아야

한국경제
'호텔신라 야심작' 7개월 만에 잭팟…2030 제대로 홀렸다

매일경제
"먹고 마시자" 20대 보복소비 최대 수혜지 '홍대입구'

디지털타임스
외국인 투숙객 몰려온다… 홍대·명동 '엔데믹 효과'

3장

롤러코스터 주식 시장에서 기회를 엿보다

STOCK ROLLER COASTER

흔들리지 않는 주식을
노려라

2022년 주식으로 본 한국 경제는 한마디로 '대전환'이었다. 국내
외 모든 상황들이 전부 이전과는 다르게 바뀌었다. 한국 경제는 당
연히 세계 경제와 동떨어진 양상을 보일 수 없고, 주식은 부동산에
비해 지역적인 속성보다는 세계적 흐름에 영향을 받기 때문에 함
께 흔들릴 수밖에 없었다.

그런 면에서 2022년과 비교했을 때 2023년의 경기 전망은 정확
한 추측이 어렵다. 침체가 이어져 불황이 계속되거나 갑자기 좋아
진다는 전망은 현재로서는 섣불리 판단하기가 힘들다. 전쟁이 언

제 끝날지, 금리 인상이 언제까지 이어질지 지금으로서는 시기를 특정하기가 어렵기 때문이다. 반면에 한 가지 확실한 사실은 금리 인상으로 "돈값이 비싸지고 있다"는 것이다. 2021년부터 꾸준히 인플레이션 이야기가 나왔고, 실제로 2022년에 본격화되었다. 그것이 대전환이 시작되는 가장 큰 변곡점이었다.

그전에는 코로나가 종식될지 여부로 금리가 오르락내리락 했지만 그것보다 더 큰 문제인 인플레이션이 대두되면서 금리의 방향성, 곧 돈값의 방향성이 바뀐 것이다. 우리는 돈값의 방향성에 따라서 시장의 색깔도 크게 바뀐다는 점을 시장을 바라보는 주된 앵글로 삼아야 한다.

이런 상황에서 우리는 어떻게 투자해야 할까? 2022년에는 코로나 시기와 맞물려 주식 열풍이 불면서 금융 문맹률이 확연히 낮아졌다. 가치투자와 모멘텀 투자의 장단점 차이도 많이 알려졌고, 적게는 수백, 많게는 수억 원 이상을 재테크로 굴리는 사람이 허다하다. 분산투자가 안전하다는 점도 누구나 알고 있다. 하지만 그렇게 할 만한 자금이 없는 사람들은 직전의 주도주에 여전히 관심이 가고, 트레이딩으로 수익률을 회복하려는 욕구에 이끌리기 마련이다.

그럴 때는 반드시 다음의 세 가지를 명심하자. **진짜 공부를 할 것, 심리와 감정에 휘둘리지 말 것, 수요가 흔들리지 않는 기업을 찾을 것**. 이것들이 결합돼야 큰 실수 없이 투자를 이어갈 수 있다.

요즘은 주식과 경제 관련 정보가 넘쳐나는 시대다. 투자자들은 전문가의 경제 해설, 산업 브리핑 등을 열심히 시청한다. 그런데 이게 진짜 공부일까? 아니다. 열심히 공부했다고 착각하는 것이다. 어떤 요인이 주식 가격에 직접적인 영향을 주는지도 모르고 주식과 관련해 어떤 정책이 생겼다더라, 어떤 주식이 오르고 어떤 주식은 떨어진다더라 하는 뉴스만 듣는 것이다. 그런 사람의 경우 진짜 돈 되는 공부는 해본 적 없거나 머릿속에서 잘못된 인과관계를 설정하고 있을 확률이 높다.

물론 주식 관련 정책도 중요하고 그런 뉴스를 보는 것도 당연히 중요하지만, **핵심은 어떤 주식을 언제 살지 '결정'하는 것**이다. 그런데 주식 정보 TV 채널이나 주식 유튜브 채널만 보고 다 안다고 착각하는 사람이 많다. 예측하기 전에 무조건 검증하고 판단해야 하는데, 검증도 하지 않고 예측만 하는 셈이다. 만약 우리 자녀가 국영수 공부는 제쳐둔 채 EBS에서 입시 경향을 예측하는 뉴스

만 보고 있다면 부모로서 자녀에게 공부를 열심히 한다고 칭찬해
줄 수 있을까?

　두 번째로 감정 심리적인 면에서 탐욕과 공포에 휩쓸리지 않
도록 나를 방어할 줄 알아야 한다. 주식을 하려면 반드시 '변동성'
을 참아내야 하는데 여전히 많은 투자자들이 이 과정을 참지 못하
고 있다. 제대로 닻을 내리지 않았으니 파도 위에서 흔들릴 수밖에
없다.

　예를 들어 내가 아파트 한 채를 가지고 있고, 그 아파트에 대해
서 잘 알고 있으며 좋은 부동산이라 생각한다고 가정해보자. 부동
산에서 전화로 매일매일 시세를 알려주는데 하루는 10억이라고 했
다가, 하루는 100억이라고 했다가 또 언젠가는 30억이라고 했다
면, 100억이라고 했을 때 파티를 열고 10억이라고 했을 때 울 것인
가? 그렇다면 내가 그 자산에 대해 확신이 없는 것이다.

　확신이 있으면 휘둘리지 않는다. 부동산을 50년 해온 사람이 같
은 상황이라면, 그 사람은 "부동산은 원래 그런 거야. 비싸게 나올
때 팔고, 싸게 나올 때 한두 채 더 사고, 그 중간의 오르내림은 무시
해야 해. 이런 변동은 별거 아니야. 시간이 지나면 좋은 아파트는

다 오르게 돼 있어."라고 하며 변동성을 극복할 수 있다. 그런 확신을 얻기 위해서는 경험(시간)이 필요하다.

여기서 필요한 확신은 '어디까지 올라갈 것'이라는 확신보다는, '이 이하로는 안 내려갈 것'이라는 확신이다. 하한선에 대한 확신은 곧 가치에 대한 확신이다. 확신이 부재하면 사야할 때 살 수도, 붙들고 있어야 할 때 붙들 수도 없다.

마지막으로 주식 투자를 할 때 소비자 수요의 변동이 적은 기업을 골라야 한다. 경기 침체 시기에는 더욱 그렇다. 꾸준히 오랫동안 사람들이 원하는 산업이 분명히 있다. 단적인 예로 K팝 산업이 그렇다. 대형 기획사에서 신인 그룹이 나오면 일정 규모의 관심이 늘 따라온다. 초반에 팬덤을 견고하게 다져놓으면 무조건 구매하는 수요도 생긴다. 음반, 공연, 광고, 기타 산업으로 이어져 기본 수익이 보장되는 것이다. 더군다나 그 시장이 세계로 넓어졌을 뿐만 아니라 충성도도 그만큼 높아졌다.

이처럼 고객층이 항상 유지되고 더 확장되는 산업을 찾으면 좋다. 투입 대 산출량이 많아야 한다. 기업가들은 투자한 자본보다 더 많은 산출을 원하기 때문에 경쟁 우위를 바탕으로 더 넓은 시장으로 나아가는 기업을 좋아하기 마련이다.

팬덤이 강한 사업과는 대조적으로 깐깐한 고객들이 늘 존재하는 사업은 좋지 않은 사업이다. 예를 들어 A 기업에서 신제품을 출시했는데, 품질이 좋으면 500만 개가 팔리고 품질이 나쁘면 1만 개가 팔리는 사업은 좋은 사업이 아니다. 부침이 심한 산업은 사업 계획을 제대로 수립해서 실행할 수 없다.

그 반대의 예시가 골프 사업의 한 축인 스크린 골프 사업이다. 수요도 많고 점점 시장이 커지고 있으며 투입 대 산출이 커서 효율도 좋다. 스크린 골프장에 설치된 기계는 대단한 신기술이 들어간 것도 아니며, 수요가 늘어난다고 해서 새로 공장을 지을 필요도, 엄청난 관리를 할 필요도 없다. 하지만 꾸준히 사람들이 찾고, 반복해서 돈을 지불하며 이용한다. 이런 사업이 투자하기 좋은 사업이라고 볼 수 있다.

그런 면에서 미디어 콘텐츠 사업도 좋은 사업이다. 초기 투자비용이 드는 것 말고는 그 다음 지표로 들어가는 게 적다. 이처럼 적게 먹고도 알을 많이 낳는 닭을 찾아야 한다.

이런 이야기를 듣고도 기존에 염두에 두고 있었을 좋은 기업 리스트를 바라만 보며 투자 시기를 재고 있으면 곤란하다. 내가 투자하려는 그 순간에 제일 좋은 기업을 선택해 실행에 옮겨야 한다. 물론 기회가 오면 언제든 살 수 있는 나만의 종목 리스트를 만들어두고 있는 게 제일 좋다. 그런 리스트가 없는 사람들은 아무리 가격이 빠져도 바로 액션을 취하지 못한다.

기회가 왔을 때 기회를 잡기 위해서는 투자금과 리스트를 보유해놓고 늘 비교하고 있어야 한다. 비교는 모든 투자에 있어 가장 중요한 개념이다. 수많은 전문 투자자들 역시 하루 종일 모니터를 들여다보며 비교한다.

내 친구가 정말 좋은 친구인지를 알고 싶다면 자주 봐야 한다. 자주 보고 대화를 많이 나누어야 그 친구가 오래 만날 친구인지 만나지 말아야 할 친구인지를 제대로 알아볼 수 있다. 그런데 찰나의 인상과 평판에만 의지해 인연을 이어가거나 끊는 섣부른 판단을 하고 있지는 않는가?

투자도 이와 같다. 투자를 하고 있다면 계속 점을 찍어야 한다. 어떻게 점을 찍는지가 중요한 것이 아니다. 점을 '계속' 찍는 것이 중요하다. 내가 원하는 기업에 계속 점을 찍다 보면 어느 순간 점이 선처럼 보인다. 그러니 단 한 번 점을 찍고 계속 투자할지 말지를 결정할 수는 없다. 끈기 있게 한 회사를 관찰해야 특히 하락장에서 용기 있게 주식을 사들일 수 있다. 필자의 회사 근무 신조는 '리서치는 평소에 하고 주식은 빠질 때 산다'이다.

하락장 대처법
: 제로베이스에서 생각하라

대부분의 개인 투자자들은 주식 가격이 하락하면(소위 어떤 주식에 물리면) 매수 가격으로 돌아올 때까지 그 주식을 마냥 쥐고 있는 경향을 보인다. 원래 가격까지는 바라지도 않고, 조금만이라도 오르기를 기다리는 이들도 많다. 하지만 프로는 제로베이스에서 생각하는 훈련을 한다. 내가 지불한 가격은 중요하지 않다. 현재 시점에서 그 주식이 매력이 있는지 없는지 여부가 중요하다.

더 매력적인 종목으로 옮겨가려면 대안이 될 만한 종목에 대해서도 깊이 알아야 하는데, 그것을 모르는 상태로 무조건 갖고 있던 주식을 팔면 다시 진입 타이밍을 잡기만 더 어렵다. 그렇다고 계속

롤러코스터 주식 시장에서 기회를 엿보다

갖고 있어야 하나? 어느 쪽으로든 결론을 내릴 수 없다면 스스로 처한 상황을 제로베이스에서 생각하지 못하고 있는 것이다.

이럴 때는 비교해야 한다. 삼성전자 하나만 보고 숙고하면 아무런 결론도 낼 수가 없다. 최소한 삼성전자보다 하이닉스가 나은지, 하이닉스보다 반도체 소재가 나은지, 반도체 소재보다 손해보험이 나은지 꼬리에 꼬리를 물고 비교해야만 한다. 그래야 지금 내가 선택할 주식이 보인다.

지금 같은 하락장에서는 좋은 것과 덜 좋은 것을 구분할 줄 알아야 한다. 가격도 움직이고 기업 가치도 계속 달라진다. 그러니 그 안에서 어떻게든 차이를 계속 뽑아내야 한다. 내가 덜 아는 종목을 팔고 잘 아는 종목으로 갈아타고, 가급적이면 기업 가치가 올라갈 만한 종목으로 갈아타는 방식을 써도 좋다. 이런 하락장에서는 결국에는 자기가 잘 아는 곳으로 수렴할 수밖에 없다.

예를 들어 내가 아파트 10채를 갖고 있다고 가정해보자. 전국의 아파트 값이 하락한다면 몇 년 뒤에 내 수중에는 어떤 아파트가 남아 있을까? 아마 제일 잘 나가는 지역의 제일 자신 있는 아파트만 남아 있을 것이다. 결국에는 그렇게 수렴하게 마련이다.

2023년에 우리는 새로운 패러다임에 적응해야 한다. 투자하는 사람들은 과거의 사이클에 얽매이는 경향이 있다. 이전의 경제 흐름을 끌어왔던 산업들이나 루틴에서 쉽게 벗어나지 못한다. 그래서 항상 상투를 잡는데, 그동안은 테크 산업이나 미국 시장이 경제를 끌어온 것처럼 여러 가지 주도 패러다임들이 시기에 맞게 바뀐다는 것을 잊지 말아야 한다.

이제는 '경제 대전환'이기 때문에 지금의 패러다임이 앞으로는 "아닐 수 있다"는 의심을 늘 해야 한다. 한마디로 제로에서 시작한다는 마음가짐을 가져야 한다. 단순히 직전의 한 시대를 풍미한 패러다임과 나의 욕심이 결합되어 아무런 의심 없이 쉽게 의사결정을 하고 무작정 매수한 뒤 기도하게 되는 경우가 많다. 이 같은 실수를 두 번 반복하지 않으려면 변화무쌍하게 바뀌는 패러다임에 적응하기 위해 선입관을 버리고 꾸준히 공부해야 한다.

가치투자
투자 요령

당신은 지갑을 사러 갔다. 그리고 눈앞에 100만 원짜리 수표가 들어 있는 10만 원짜리 새 지갑이 있다. 이 지갑의 가치는 얼마일까? 아마 '수표 100만 원+지갑 가격 10만 원=110만 원'일 것이다. 그런데 누군가는 지갑 안에 무엇이 들었는지 알지 못한 채 이 지갑을 10만 원이라고 생각할 수도 있고, 누군가는 그 지갑이 비싼 명품 지갑인 줄 알고 500만 원이라고 생각할 수도 있다. 여기서 말하는 10만 원, 500만 원은 지갑의 가격이다. 앞서 말한 110만 원(수표+지갑 가격)은 가치다. 겉모습만 보는 게 아니라 그 안에 든 가치를 봐야 한다는 말이다.

투자는 돈을 지불하고 기업의 소유권을 취하는 행위이므로 그 근간이 되는 기업의 가치를 봐야 한다. 지금 그 기업의 겉모습이 어떠냐보다 미래 가치가 훨씬 중요하다. 다행히도 가치는 숫자로 나타나 있다. 막연히 보이지 않는 가치를 추측하는 것이 아니다.

기업 가치는 회사가 벌어들일 돈과 현재 보유한 자산, 그리고 무형 가치 정도로 구성되어 있다. 기업이 1년에 얼마를 벌고 현금을 얼마나 갖고 있으며 부동산과 자회사를 얼마만큼 갖고 있는지를 구체적으로 나타내며, 그 숫자들로 실제 이익을 정확히 도출할 수는 없겠지만 대략적으로 기업 가치의 범위는 알 수 있다. 그 범위 아래의 가격에서 주식을 사는 것이 바로 가치투자다.

결국엔 가치주를 잘 골라내는 것 역시 비교의 문제다. 비교 대상이 많아야 판단의 정확성을 높일 수 있다. 간혹 특정 종목의 주식 전망을 전문가보다 더 예측하는 사람도 있다. 개인 블로그에 전문가도 깜짝 놀랄 정도의 기업 분석 보고서를 직접 작성해 블로그에 게시하기도 한다. 그들의 열에 아홉은 해당 산업 종사자다. 쌓인 경험치가 많기 때문에 깊은 통찰이 가능하다. 그러나 내가 해당 산업에 종사하지 않는다고 해서 포기할 필요는 없다. 중요한 것은 학습 능력과 비교를 통해 최적의 투자 대상을 찾으려는 의지다.

전문 투자자가 업계 종사자보다 뛰어난 능력은 비교 분석이다. 모든 종목을 매일 살피고 수백 장의 보고서를 매일 검토하기 때문에 한 분야에 깊이 알지 못해도 비교를 통해 투자의사결정 상의 우위를 가진다. 투자에는 확률적인 사고와 포트폴리오적인 사고가 동시에 필요한데 정보력과 비교력이 동시에 갖춰져야만 성공적인 투자에 가까워질 수 있다.

주식을 하다가 중간에 포기하는 투자자들이 종종 하는 이야기가 있다. 종목 비교를 많이 해야 되고 많은 업종을 깊이 알아야 되는데 개인이 할 자신이 없다는 이야기다. 미국의 유명 투자자 찰리 멍거Charles Munger는 이렇게 말했다. "주식은 원래 쉬운 게 아니다." 만약 주식을 시작한 지 얼마 되지 않았는데 매수한 종목이 쭉쭉 올라서 자신감이 넘친다면, 그때를 가장 경계해야 한다. 장이 오를 만큼 올랐다는 것은 떨어질 시기가 가까워지고 있다는 뜻이기도 하다. 1988년, 1999년, 2007년에도 비슷한 패턴이 반복되었고, 2022년에도 그 재앙이 찾아왔다.

모두가 하락장이라고 말하는 요즘 같은 때 오히려 편견과 두려움, 주저함을 버리고 용기를 내 시장에 들어간다면 기회를 잡을 수 있다. 말처럼 쉽지가 않지만 최소한 오랫동안 봐온 영역이나 종목에서의 최저점인 락바텀Rock bottom이 보인다면 바로 지금이 내려갈 여지는 없고 올라갈 일만 남은 종목을 매수할 적기라고 생각해도 좋다.

지수를 기준으로 시장 진입 시기를 노리는 건 매우 어렵다. 코스피 지수 2,600이 2,400이 되면 2,200이 될 것 같아 못 사고, 2,200에 도달하면 2,000까지 빠질까 겁이 나서 매수를 못하는 게 인간의 심리다. 그러다 3,000이 되면 확신에 차서 시장에 뛰어든다. 과거에 계속 반복 되어왔던 패턴이다. 매수와 매도의 근거를 시장이 아니라 종목에서 찾아야 하는 이유다.

이런 주식 시장의 매커니즘을 이해하면 두려움이 줄어든다. 주식은 업종이 중요한 게 아니라, 속성이 중요하다. 그런데 많은 투자자들은 여전히 업종을 따진다. 특정 업종이 잘되는 것 같으면 같

이 들어가려고 하고 그 업종이 안 되는 것 같으면 같이 나오려고
한다. 하지만 중요한 것은 속성이다. 내가 투자한 업종 자체가 성
장세라면 물론 좋겠지만, 그럴수록 그만큼 기업 간의 경쟁은 과열
된다. 유망 섹터만 찾지 말고 잘되는 기업의 속성을 보자.

　물론 기업의 속성이 아무리 뛰어나도 업종이 아예 성장하지 않
으면 기업이 묻힐 수도 있다. 결국 우리가 성장하는 업종을 좋아하
는 이유는 내가 고른 기업이 성장하길 바라기 때문인데, 업종이 성
장한다고 내가 고른 기업도 성장할 거라고 믿어서는 안 된다. 반대
로 업종이 정체되어 있다면 그에 속한 기업은 성장에 훨씬 많은 에
너지를 들여야 한다.

　여기서 대부분의 투자자들은 후자보다 전자를 연구하는 작업을
원하고, 훨씬 재미있어 한다. 전자의 작업이 결과가 빠르기도 하고,
후자는 고된 작업이기 때문이다. 충분한 여유를 가지고 투자할 수
있다면 사양 산업에서 성장하는 기업을 찾는 것도 좋은 방법이다.
편견이 깔려 있어 저평가되어 있을 확률이 높기 때문이다.

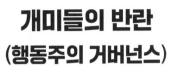

개미들의 반란
(행동주의 거버넌스)

주식 투자 열풍이 불면서 주주들이 적극적인 태도를 가지기 시작했다. 주식 커뮤니티가 아닌 곳에서도 주식 이야기를 하고, 주가에 영향을 미칠 법한 일들이 있으면 기업에 불만을 적극적으로 표출하기도 한다. 기업 지배 구조에 대한 인식이 변하기 시작한 것이다. 2023년에는 주주들의 이러한 '행동주의 바람'이 더욱 거세질 것이라 예상한다.

실제로 2022년에 SM엔터테인먼트의 소액주주들이 직접 감사를 선임하기도 했다. 그들은 SM이 대주주의 개인 회사와 부당한 계약을 맺어 기업의 가치가 훼손되고 있다며 지배구조 개편을 적극적으로 요구했다. 동시에 소액주주들의 감사 선임 소식에 SM엔터테인먼트의 주가는 긍정적으로 반응했다.

이렇게 행동주의 펀드에 의해서 이사나 감사가 교체되거나, 주주 중심의 제도가 생겨나면서 2023년에는 주주들의 행동주의 바람이 강해질 것이다. 실제로 행동주의 펀드로 주주들이 투자 기업에 배당 확대 등을 요구하는 목소리를 적극적으로 내면서 그 결과로 주가가 오르거나 투자 수익이 높아지는 경우가 속속 나타나고 있다.

마치 1980년대 민주화 운동처럼 결집된 힘이 기업 거버넌스 governance(공동의 목표를 달성하기 위하여, 주어진 자원 제약 하에서 모든 이해 당사자들이 책임감을 가지고 투명하게 의사결정을 수행할 수 있게 하는 제반 장치)에 영향을 끼치는 양상이 2023년에 더욱 가속화되리라 기대할 수 있다. 그들은 어느 기업에서 회장이 돈을 빼돌린다거나 잘못된 의사결정을 하는 것을 더 이상 가만히 두고 보지 않는다.

복합적인 이유로 주주들이 목소리를 낼 수 있는 창구들이 많아지면서 물적분할 같은 현상을 적발하고, 실제로 취소하게 만들었다. 이는 행동주의 펀드가 늘어나고 있기 때문이기도 하고, 지분이 상속을 거치면서 줄어들어 대주주의 영향력이 예전 같지 않기 때문이기도 하다. 사회 전반적인 분위기가 바뀐 탓도 있을 것이고, 정부의 정책이나 사회 분위기에 따라서도 영향을 받았을 것이다. 어찌되었든 2023년의 방향성 자체는 거버넌스가 개선되는 쪽으로 갈 것이다. 스튜어드십 코드 도입과 같은 제도적 변화도 한 몫 했다.

　이러한 거버넌스가 개선되면 여전히 저평가된 회사들이 재평가를 받을 수 있는 가능성이 올라간다. 미국이 1950년대, 1960년대, 1970년대를 거치면서 현재의 모습이 된 것처럼 한국 역시 저평가 종목이 점차 사라질 것이다. 이렇게 개미들의 반란이 성공하는 사례가 늘어날수록 주식은 그저 수익을 기다리고만 있는 게 아니라 적극적으로 개입해서 내 수익률을 조금이라도 높일 수 있는 적극적 재테크 양상으로 변해가고 있다. 더불어 행동주의를 전개하는 기관투자자에게 힘을 좀 더 실어주길 부탁드린다.

투자자는
'쇼미더머니'를 외친다

2020년부터 시작된 '주식 부자 되기 열풍'은 2022년 하반기 경제 환경의 급변과 함께 서서히 사그라들고 있다. 온라인의 주된 여론은 누적되는 손실에 대한 분노, 차라리 적금이나 할 걸 하는 후회, 자포자기하는 심정, 주식 시장을 떠나고 싶은 욕구가 대부분이다. 너무나 안타까운 현실이다.

시장의 색깔이 바뀐 건 사실이다. 이제 과거 몇 년간처럼 주식은 '꿈'만으로는 어려운 환경이 되었다. 이제야 사람들이 집단 최면에서 깬 셈이다. 부동산에 비유하자면 완성도 안 된 건물의 조감도만 보고 앞다투어 미리 분양받던 사람들이 이제는 일단 건물 다 짓고 보자, 임대료 나오면 다시 오겠다는 식으로 깐깐해졌다. 실체를 따지기 시작했고 돈 버는 모습을 직접 보길 원한다.

심지어 투자자들은 투자금을 회수하기까지 오랜 시간이 소요되는 벤처 기업에게까지 빨리 수익을 달라며 압박을 가하고 있다. 모든 투자 대상에 대해 투자자들의 태도가 훨씬 엄격해졌다는 뜻이다.

이러한 변화에 따라 큰 맥락에서 주도주가 변화할 거라 조심스레 예측해본다. 2023년에는 돈을 확실하게 잘 버는 회사가 주도주가 될 확률이 높다. 예를 들면 이미 벤처 업계에서는 차별화가 진행되고 있다. 척박한 환경에서 야놀자, 여기 어때, 무신사처럼 이익을 창출하는 회사만이 기업 가치를 유지하고 있다.

주식 시장도 마찬가지의 흐름이 진행될 것이라 본다. 하지만 개인 투자자들이 오랜 시간 시장을 이끌었던 패러다임에서 벗어나지 못한 채 관성적인 투자를 이어갈까 걱정스럽다. 과거를 돌이켜보면 시장의 변곡점에서 손실을 회복하지 못하게끔 하는 대표적인 행동이 주가가 많이 빠졌다며 기존 주도주를 계속 사들이는 것이었다. 그리고 다른 주도주가 한창 떠오르면 그때 가서 뒤늦게 따라 붙었다.

돈값이 비싸지는 시대이다 보니 주식보다는 예금을 선택하는 사람들이 늘고 있다. 현재 금리에 만족한다면 상관없지만 주식 투자가 진절머리 나서 예금을 고려한다면 다시 생각해보기를 권한다. 주가가 폭락해 미치도록 주식을 팔고 싶을 때가 겉으로는 위험해 보이지만 본질적으로는 위험은 가장 낮으면서 잠재수익은 높을 때가 많기 때문이다(물론 주가가 기업가치 이하로 큰 이격을 보일 때에 한한다). 예금에 돈을 묻기 전에 주식이 다시 올랐을 때 배 아프지 않을 자신이 있는가 스스로에게 물어보는 시간을 가져보길 바란다.

금리가 높아졌으니 배당주 투자의 매력이 떨어졌다는 주장도 더러 보인다. 절반은 맞고 절반은 틀린 이야기다. 배당만을 고려한다면 과거보다 금리와의 차이가 줄어든 건 맞다. 하지만 지금은 배당주마저 주가가 크게 빠진 상황이라 배당 수익률도 그만큼 올라갔다. 8~10%짜리 배당 수익률 종목이 존재할 정도다.

배당주에 투자하면 몇 가지 편해지는 점이 생긴다. 배당주 투자는 땅 투자보다 건물 투자에 가깝다. 부동산에 투자할 때도 임대료가 나오면 현금 수입이 생기니 어려운 시기를 버텨내기가 수월해져 장기 투자가 가능해진다.

투자 판단이 쉬워진다는 것도 장점이다. 주식은 시세 변동이 심해 매수 타이밍 잡기가 어려운 대상인데 배당 수익률을 확인하면 매력도가 직관적으로 짚이니 만족할 만한 배당 수익률을 감안해 내가 원하는 매수 구간을 잡을 수 있다. 임대수익률이 5%가 나온다면 건물 가격이 매력적인지 판단하기 쉬운 것과 마찬가지다.

또한 임대료가 꾸준히 나온다는 건 건물의 입지가 좋고, 세입자가 존재하며, 현금 수입이 발생하고 있다는 뜻일 확률이 높다. 회사가 배당을 준다는 것도 같은 의미를 내포하고 있다. 사업이 잘 굴러가고 재무 상태에 여유가 있으며 대주주가 수익을 주주에게 나눠준다는 사실을 쉽게 간파할 수 있다는 뜻이다.

배당주 투자는 현실적이면서도 시간과 에너지를 아껴주는 매우 효율적인 방법이다. 배당이 꾸준히 올라갈 수 있는 기업인지 확인해본다면 금상첨화겠다. 우리나라에서 오랜 기간 안정적인 수익률을 올린 대형 펀드는 대부분 고배당 펀드들이다. 배당주 투자가 유효함을 입증하는 대표적인 증거라 할 수 있다.

미안한 이야기지만 배당주 투자 정도를 제외하곤 주식 투자로 큰 부를 축적하기를 바라는 개인 투자자들에게 전해줄 비법이란 게 없다. 그런 게 존재한다면 프로 투자자들이나 자산운용사의 매니저들이 하루에 12시간 이상 보고서를 읽고 기업 탐방을 다니진 않을 테다. 필자 역시 투자가 그렇게 간단하다면 혼자 해서 혼자 수익을 얻으면 될 것이지 많은 직원들(특히 애널리스트들)에게 높은 월급을 주면서까지 투자회사를 운영할 필요는 없을 것이다. 찰리 멍거의 말대로 투자는 원래 단순한 게 아니다.

이렇게 프로 투자자들조차 다양한 산업과 종목에 대해 결론을 내리기까지 얼마나 많은 공부와 토의를 하는지를 안다면 투자에는 공식이 없다는 걸 깨달았으리라 믿는다. 저마다의 입장에서 펼치는 온갖 논리와 분석에 근간한 다양한 기업 간 비교의 향연이라 과학이라기보단 오히려 아트에 가깝다 할 수 있겠다.

그럼에도 불구하고 가치투자자라면 모두가 고개를 끄덕거릴 만한 주식은 존재한다. 좋은 사업을 영위하지만 지나치게 저평가된 종목, 성장 가능성이 분명히 있는데 아직 시장에서 발견되지 못한 종목이다.

예를 들면 모 의류 기업 지주회사는 2022년 10월 현재 PER이 두 배에 살짝 못 미친다. 이론적으로 이 회사를 통째로 사면 2년 만에 원금을 회수할 수 있다는 뜻이다. 의류 OEM, 아웃도어 의류 등 자회사가 영위하는 사업들이 호황을 누리고 있어 이익은 크게 증가했으나 온갖 편견 탓에 주가가 이를 전혀 반영하지 못하고 있기 때문이다.

요즘 같은 시기엔 이런 주식을 투자의 우선순위에 두어야 한다. 카카오나 네이버처럼 이미 충분한 대접을 받고 있는 주식은 우리의 논의 대상이 아니다. 대신 우리는 실제에 비해 시장의 오해가 큰 주식을 보고 끊임없이 토의한다. 이 주식의 PER이 두 배인데 왜 이렇게 쌀까? 뭐가 문제일까? 매일 동료들과 기업에 관련된 정보를 수집하면서 다양한 시나리오로 계산을 하는 가운데 투자의사결정의 방향을 잡아나간다.

초심자일수록
포기하지 말 것

주식 열풍이 불면서 청소년 투자자들이 늘어났다. 이제는 10대부터 주식에 관심을 갖는 시대다. 필자가 20세에 투자를 시작했을 때 대학생 중에서조차 주식을 하는 사람들을 거의 발견할 수 없었으니 정말 격세지감이다. 젊은 투자자들에게 주식 투자 26년차 선배로서 몇 가지 조언을 해주고 싶다.

첫째, 투자의 첫 단계에선 돈을 많이 버는 것보다 자기만의 관觀을 만들어가는 일이 훨씬 더 중요하다. 물론 모의 투자만 해보라는 뜻은 아니다. 진짜 감을 얻고 싶다면 모의투자 백 번보다 실전투자 한 번이 더 낫다. 다만 시행착오로 잃어도 될 정도의 적은 금액이면 좋겠다. 자신의 그릇보다 큰 금액을 운용하면 감정을 컨트롤하기가 어렵다(물론 이것도 경험의 일종으로 볼 수도 있겠다).

둘째, 나이를 떠나 우선 자기가 잘 아는 분야부터 투자를 시작하는 게 정석이다. K팝에 정통하다면 엔터주를, 피부과 시술에 관심이 있다면 피부과 기기주를, 자동차 덕후라면 완성차 및 자동차 부품주에 관심을 갖는 식이다. 주식 투자에서 실패 확률을 줄이려면 자기가 평소에 관심 있고 잘 알고 있는 분야에서 출발해야 하기 때문이다. 또한 아는 분야에서 시작해야 배경지식에 기반한 분석의 효율성이 배가된다.

하지만 희한하게도 주식 열풍이 분 이후 투자를 시작한 대부분의 사람들은 자신이 잘 아는 종목이 아닌 한창 유행을 타는 종목부터 투자를 시작한다. 장사든 주식이든 유튜브든 자기가 관심 있고 잘하는 분야에서 시작해야 한다. 투자라고 해서 다르지 않다. 모르는 동네에 가서 놀면 쓴맛을 볼 확률이 높다.

셋째, 포기하지 말아야 한다. 모든 재테크가 마찬가지겠지만 주식에서는 언젠가 한번은 실패를 경험할 수밖에 없다. 무조건 매수하면 이득을 보는 시대는 자주 반복되지 않는다(오히려 이런 시기가 끝이 더 무섭다).

한 가지 방법을 써서 실패했더라도 그만두지 말고 다른 방법으로 다시 시도해보길 권한다. 계속 투자를 이어가다 보면 보이는 종목이 늘어나고 내가 어떤 종목을 좋아하는지 알게 되며 어떤 속성을 가진 주식이 오르는지도 경험하게 된다. 중도 포기하면 절대 여기까지 갈 수 없다.

마지막으로 현금 흐름이 좋은 기업을 찾는 일만큼이나 투자자 본인의 현금 흐름을 키우는 데 시간을 쓰는 것도 좋겠다는 조언을 전하고 싶다. 투자는 장기 투자를 전제로 한 복리의 게임이다. 주가가 내려갈 때 계속 주식을 모아가야 결과의 크기를 키울 수 있다. 그러려면 현금 흐름을 빵빵하게 갖춰야 한다. 자본주의는 차이에 대해 보상한다. 내 몸값을 차별화하는 일에 소홀하지 않도록 하자.

결론적으로 끈기 있게 버티면서 끊임없는 공부를 통해 큰돈을 투자할 수 있을 만큼의 그릇을 만드는 게 초심자가 해야 하는 일이다.

2022년 주식 시장은 혹독했다. 시장에서 한 해에 30% 가까이 주가가 빠지는 건 과거를 돌이켜보더라도 자주 일어나는 일이 아니다. 그 결과 가격이 단기에 크게 내려가 저평가 정도가 심한 종목들이 너무나 많이 눈에 띈다. 2023년에는 그중 내 눈에 띄는 것(내가 잘 아는 종목)을 골라서 매수하면 내가 선호하는 종목을 싸게 살 수 있는 두 마리 토끼를 모두 좇을 수 있는 기회로 삼을 수 있으리라 믿는다.

모두가 주식 투자는 위험하다고 할 때가 사실은 시작하기 좋은 시기인 경우가 많았다. 필자가 자산운용사를 창업했던 2003년의 코스피 지수는 600대였다(생각해보니 금리도 6%쯤 했던 것 같다). 우리 눈엔 싼 주식들이 널려 있었던 때여서 자신감이 있었다. 하지만 투자 회사를 하기에 좋은 때라고 말해주는 사람은 주변에 한 명도 없었다. 모두가 주식은 패가망신의 지름길이며 한국 시장은 코스피 1,000선을 절대 넘기지 못할 거라 장담했다. 우리는 주식으로 큰돈을 벌었다. 그들은 어떻게 됐을까?

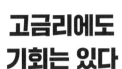

고금리에도
기회는 있다

금리가 높아지면서 가계부채 부담이 늘고 있지만, 그 안에도 기회는 있다. 고금리가 이어질 2023년은 이자생활자에겐 반가운 환경이다. 전반적으로 금리 상품의 인기가 다시 상승할 것이다.

예전처럼 가만히 넣어 놓으면 1%대 이자를 받는 금리 상품이 아니라, 4%, 6%씩도 받을 수 있게 되다 보니 상대적으로 보수적인 투자자들은 금리 상품으로 많이 이동할 확률이 높다. 가뜩이나 주식 성적이 안 좋은 상황이라 전체 재테크 자금 중 상당한 자금이 금리 상품 쪽으로 이동해도 할 말이 없다.

다시 말해 2023년 역시 전반적으로 주식 시장에 유리한 환경은
아니다. 그러니 이전보다 더욱 신중하게 종목을 골라서 투자해야
할 것이다.

너무 비싼 종목은 가급적 피하고, 저평가 종목 혹은 개별 종목
위주로 보아야 한다. 2022년 말은 주식 하락장에서 투자를 포기하
고 시장을 떠나는 투자자가 대거 생기면서 다시 한 번 바닥을 다지
는 시기였다. 금리가 떨어지는 구간에서는 주가가 다시 반등을 모
색하겠지만, 그 전에 판이 크게 뒤흔들린 것이다. 여기서 자신감이
없거나 환멸을 느낀 투자자가 떠나며 저평가가 심화되었는데, 지
금까지 늘 반복되는 사이클이다. 더 이상 빠지지 않는다는 여론이
확산되면, 장세는 반전되는 법이다.

여기서 중요한 것은 금리를 인하하는 시기가 언제냐는 것인데,
힌트는 과거에서 찾을 수 있다. 과거에도 금리와 주식 시장은 정확
히 동행하지 않았다. 과매도 인식이 확산된 상태에서 금리가 내려
올 기미를 시장이 눈치채는 순간, 바짝 마른 건초에 작은 불씨 하
나가 던져지듯 주가는 변곡점을 지나 빠르게 오르기 시작할 것이
다. 존 템플턴John Templeton이 "주가는 비관 속에서 태어나서 의심

속에서 자란다"고 말한 것과 일맥상통한다. 모두가 비관론에 휩싸여 있을 때 주가의 바닥은 순식간에 지나간다.

그러나 2023년에는 금리 상품의 매력이 여전할 것이기 때문에 우선 주식에서 돈을 빼서 고금리로 굴리다가 투자 소득을 먼저 얻고, 주식 시장이 좋아지면 다시 돌아오려는 계획을 가진 투자자들도 있을 텐데, 이상적인 시나리오이지만 현실에서 타이밍을 정확히 맞추기란 쉽지 않다.

이미 주식시장은 금리, 경기 침체 등 우려의 상당 부분을 이미 반영한 상태다. 후행적으로 움직이기보다는 물이 빠져서 바닥이 드러난 시장에서 금리보다 더 높은 잠재 수익률을 가진 저평가 종목을 탐색하는 쪽이 더 바람직해 보인다. 뒷북을 치기 보단 선수를 쳐야 한다. 전설적인 아이스하키 선수 웨인 그레츠키의 말을 곱씹어보자. "나는 퍽(하키 공)이 있는 곳이 아니라 퍽이 갈 곳으로 움직인다." 모든 투자자들이 어려운 시기를 딛고 힘차게 다시 일어서는 2023년 새해를 기대한다.

돈이 야기한
사회 현상을
돌아보다

MONEYFLY EFFECT

2023년,
시간값이 싸지는 사회

2021년 하반기만 해도 한국 경제는 전반적으로 분위기가 좋았다. 저금리에 주식, 부동산, 코인 등 투자도 잘됐기 때문에 너도나도 목돈으로 투자에 뛰어들었다. 코로나 여파가 있었지만 재테크로 쉽게 부자가 되었다는 소식이 쉽게 들려왔다. 소액 투자로 돈을 쉽게 벌어본 사람들과 고액 투자로 하루아침에 인생이 달라진 사람들의 뉴스도 쏟아졌다.

사람들은 시간을 아낄 수만 있다면 돈을 썼다. 버스 대신 택시를 타고, 음식을 요리하는 대신 맛집에서 배달을 시키거나 외식을 했다. 불편한 게 있으면 돈을 써서 편리하게 만들어버렸다.

그러나 2022년, 사람들에게 변화가 찾아왔다. 연초부터 시작된 금융 자산의 폭락으로 재테크의 쓴맛을 본 사람들이 늘어났다. 편의점에서 밥을 때우고, 과소비를 줄이고, 아예 무지출 챌린지까지 유행하기에 이르렀다. 러시아-우크라이나 전쟁, 전 세계적 금리 인상, 그에 따른 경기 침체와 불황이 점차 가시화되자 내 시간을 얻기 위해 굳이 돈을 쓰는 게 아니라, 한푼이라도 돈을 아끼기 위해 시간을 더 쓰기 시작했다. 한마디로 시간값이 싸지는 사회가 된 것이다.

2023년에는 돈을 들이는 것 대비 시간을 들이는 문화가 더 많아질 것이다. 외식보다는 손수 요리를 해 먹고, 택시를 타기보다는 자전거나 버스를 이용하는 사람들이 늘어날 것이다.

시간값이 싸지는 사회는 편리함 대신 불편함을 택한다. 플렉스 문화도 점점 더 소수의 문화가 되어 양극화가 심해질 것이다. 하지만 대부분의 사람들은 1~2년 전만 해도 어떻게든 돈을 써서 인스타그램에 가성비 떨어지는 선택을 자랑처럼 올렸다. 부자가 아니어도 부자인 척했다. 주식으로, 코인으로, 부동산으로 수천만 원에서 수억 원까지 벌어들인 사람이 많았다. 그렇게 돈을 번 사람들이 SNS에 외제차와 고급 레스토랑, 쉽게 갈 수 없는 고급 숙소에서 묵는 사진들을 올려댔고 그걸 본 사람들도 핫한 곳이라며 똑같은 곳에 돈을 썼다.

그런데 이제는 그런 사람들이 점점 줄고 있다. 대신 직접 만들어 예쁘게 플레이팅한 요리를 찍고, 시간을 많이 들여서 희소한 나만의 무언가를 만들어낸 것을 찍어 올리는 사람들이 늘고 있다. 이런 문화를 더 좋게 보는 시각도 늘어나고 있다. 운동을 열심히 해서 몸을 만든다거나, 공부를 열심히 해서 자격증을 따는 것을 자랑하는 사람도 늘어날 것이다.

원화 채굴의 시대

2023년은 원화 채굴의 시대가 될 것이다. 지금까지는 자본 소득을 늘리고 투자 소득을 늘려서만 돈을 불리려고 했다면, 이제는 세계적 경기 침체로 원하는 만큼 돈을 불리기가 어렵게 되었기 때문이다. 그러니 비트코인 채굴하듯 원화를 채굴해야만 소득을 늘릴 수 있다.

한마디로 투자에 시간을 쓰기보다는 소득을 높이는 데 더 많은 시간을 쓰고, 지출을 감소시키려 노력할 것이다. 시간값이 싸지니 어떻게든 시간을 들여서라도 지출을 줄일 것이다. 가장 쉬운 방법은 근로 소득을 늘리는 것이다.

10년 전만 해도 월급 차이가 좀 나더라도 내 집 마련은 누구나 가능했다. 연봉이 3,000만 원이냐 6,000만 원이냐에 따라 속도의 차이가 있을 뿐, 돈을 열심히 모으면 내 집 한 채 마련하는 것이 불가능한 가격은 아니었기 때문이다.

그러나 이제는 첫 소득이 굉장히 중요하다. 그 소득에 따라 집을 아예 살 수 없을지도 모르기 때문이다. 그러니 시간당 원화채굴량을 늘리기 위해 연봉을 높이려고 갖은 노력을 다한다. 저성장·안정화 사회에 사는 우리는 기본기가 좋은 사람을 변칙적인 수로 이기기가 어렵다. 돈의 세계에서 기본기는 바로 소득이다. 부자가 되기 위해서는 소득이 받쳐주는 것보다 더 좋은 건 없다.

(소득－지출＝투자금)×수익률×기간＝**부자의 크기**

부자의 크기를 측정할 때 늘 이런 공식을 쓴다. 다시 말해 소득이 클수록 부자 되는 공식이 쉬워지는 것이다. 2023년은 투자로 엄청난 부를 쌓기가 쉽지 않은 상황이기에, 이럴 때일수록 자포자기

보다는 기본 소득을 높여서 원화채굴을 많이 하는 데 집중하면 좋

을 것이다.

인스타그램이라는 게임과
허세 피라미드

게임을 해본 사람은 알 것이다. 게임 속 캐릭터를 키우기 위해서는 현질(실제 현금 결제로 캐릭터의 아이템이나 능력치를 사는 일)보다 강력한 무기는 없다는 것을. 그렇다면 지금 세상을 바꾸어놓을 만큼 전 세계적으로 유행하는 최고의 게임은 무엇일까? 바로 인스타그램instagram이다.

인스타그램은 일반적인 SNS라기보다는 가상현실 게임에 가깝다. 한마디로, 온라인 가상현실 안에서 내 캐릭터를 만드는 게임이다. 인스타그램 아이디는 내 게임 캐릭터의 이름이고, 인스타그램에 올라가는 사진은 내가 원하는 모습의 캐릭터, 일종의 부캐다. 사람들은 그 안에서 내 삶이 아닌 다른 삶을 산다.

누군가는 "인스타그램에는 절망이 없다"고 말하기도 했다. 실제로 인스타그램에는 수십, 수백 장의 사진 중 고르고 고른, 정제된, 멋지고 예쁜, 자기만의 감성을 표현하는 사진과 영상만 업로드된다. 한때 유행했던 싸이월드나 블로그를 떠올려보면 다른 점을 알 수 있다. 그때의 SNS는 저장공간과 기록의 역할을 톡톡히 했다. 여러 폴더를 만들어 가족 사진, 대학 생활, 친구들과의 모습, 셀카 등을 자유롭게 올렸었다.

그런데 지금의 인스타그램은 한마디로 '라이프 포트폴리오'이자 '프라이빗한 연결고리'이다. 요즘 젊은이들은 소개팅을 할 때 인스타그램의 계정을 주고받고 서로 댓글을 달면서 안부를 묻고 친해진다. 회사 동료나 친구가 여행 갔다는 이야기를 따로 말하지 않아도 인스타그램만 보고 어디에 여행을 갔는지, 어떤 맛집을 다녀왔는지 알 수 있다.

우리가 원하지 않았어도 인스타그램은 우리 생활에 녹아들어 모든 사람을 가상현실 게임에 초대한 셈이 되었다. 내가 어떻게 살고 있는지를 인스타그램이라는 게임 안에 접속해서 서로 공유하는 게 문화가 되어버리니, 이를 통해 내가 잘 살고 있다는 사실을 보여줘야 한다.

이로써 우리에게는 온라인이라는 가상공간에서 나를 꾸밀, 일종의 조미료 같은 거짓말을 할 수 있는 여지가 생긴다. 거기에 기술의 발달로 사진을 근사하게 바꾸어줄 필터도 사용하며 약간의 허세도 가미한다.

더 이상 인스타그램은 싸이월드나 블로그 같은 저장 공간, 나만의 기록물이 아니다. 인스타그램에서는 다른 SNS와 비교할 수 없을 만큼 '실제 자기가 사는 삶보다 조금이라도 좀 더 좋게 보이고 싶은 마음'을 적극적으로 드러낸다. 그리고 그것을 위해 돈을 아끼지 않는다. 글의 서두에 인스타그램을 게임에 비유했듯 돈을 주고 아이템을 사는 일명 '현질'을 해서 나를 드높이는 것처럼, 인스타그램 피드를 꾸미기 위해 돈을 쓰는 것이다.

돈을 써서 좋은 공간에 가고 좋은 것을 먹고 좋은 것을 입고 그것을 근사한 사진으로 게시한다. 비슷한 SNS인 페이스북과 비교해 보면, 페이스북은 손가락으로 글만 잘 써도 어느 정도의 좋아요를 받고 인정받을 수 있지만, 인스타그램의 사진은 그럴 수 없다. 글을 아무리 잘 써도 사진이 엉망이면 사람들은 관심을 갖지 않는다.

우리는 이 게임에 한번 들어온 이상 돈을 써야만 한다. 그렇지 않으면 내 게임 캐릭터는 무과금 캐릭터(돈을 전혀 쓰지 않는 게임 캐릭터)가 된다. 그러면 이 세계에서 남들보다 뒤처지고, 나를 안 좋게 보는 사람들이 생긴다. 혹여라도 타인의 시선이 스트레스로 느껴져 탈퇴하면, 곧바로 "무슨 안 좋은 일 있어?" 하는 연락이 오기도 한다. 이 게임에서 로그아웃을 하는 순간 사람들은 문제가 발생했다고 생각한다.

우리는 원하지 않더라도 대부분의 사람들과 어울리려면 이 게임에 참가해야만 한다. 그런데 현실의 내가 아무리 열심히 살아도 게임 속 내 캐릭터가 업데이트되지 않는다면 가상의 공간 안에서 나는 아무것도 안 하는 사람처럼 보인다. 그래서 뭐라도 업데이트를 하려는 마음에 사람들은 음식이 맛없어도 사진이 예쁘게 나오는 곳을 가거나, 분위기 좋은 포토존만 있다면 평소에 가지 않던 전시

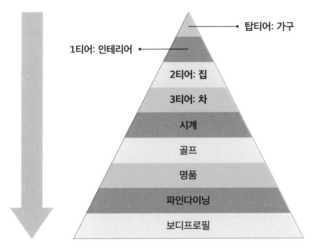

◆ **허세의 피라미드**

탑티어: 가구
1티어: 인테리어
2티어: 집
3티어: 차
시계
골프
명품
파인다이닝
보디프로필

출처: 유튜브 〈부읽남 TV〉

회나 공연을 간다. 수십, 수백만 원이 들어도 한 장의 사진을 건지기 위해 극단적으로 돈을 쓰기도 한다. 사진을 찍을만 한 곳이 없다면 굳이 시간을 들여 가지 않는다. 그런 행위가 습관이 되고 문화가 되면서 일종의 '허세 문화'도 심해졌다.

이런 문화들은 SNS가 더욱 활성화되면서 벌어졌다. 메시지를 주고받는 메신저 속 프로필사진을 바꾸는 것도 처음에는 비슷한 형태의 문화였다. 그런데 사진 기반의 SNS인 인스타그램이 생기고,

누구도 따라올 수 없는 강력한 소셜 네트워크로 떠오르면서 상대적으로 다른 SNS의 힘이 약화되었다. 이처럼 일명 '허세의 피라미드'에 따라 젊은이들이 수입보다 더 많은 지출을 하고, 더 높은 단계의 허세를 부리며 그것을 자랑하듯 사진 찍을 찍고 자랑하며 삶을 허세로 채워가기 시작했다.

허세 피라미드의 가장 하위 단계는 보디프로필이다. 예전에는 자기 몸을 가꿔야 한다고 생각하는 사람이 별로 없었다. 20년 전만 해도 소위 '몸짱'이라는 사람들은 정말 소수였다. 멋진 배우나 선수를 보고 운동하는 사람들이 대부분이었다. 그런데 요즘의 2030은 누가 시키지 않았는데도 몸을 가꾸고 관리한다. 그리고 꼭 '보디프로필'을 찍어서 SNS에 올린다. 심지어 대부분의 헬스장에 보디프로필을 위한 단기 레슨이 따로 개설되고 있다.

그만큼 허세의 기본은 외모라는 이야기다. 이목구비가 예쁜 것이 아니라 몸이 탄탄하고 멋진 것을 추구한다. 멋진 외모를 사진으로 찍어 올린다는 것은, 인스타그램이라는 가상현실 게임판에 들어오는 게임 캐릭터의 외모라고 생각하기 때문에 훨씬 중요하게 여기는 것이라고도 볼 수 있다. 그들은 과감한 패션으로 몸을 드러내고 사진을 찍어 올린다. 건강을 중요시하는 요즘 트렌드와도 연결되어 있기 때문에 자발적으로 땀 흘려 몸을 만들고, 더욱 적극적으로 운동한다.

이 게임판에서는 사진으로 드러나는 모습이 자신의 능력치이다 보니, 사진으로라도 남들이 못 가진 것을 가지고 있다고 어떻게든 어필해서 게임 캐릭터의 매력도를 높인다. 남이 모르는 특이한 것, 문 연 지 얼마 안 된 신상 핫플, 남들이 아직 못 가본 곳, 다수가 할 수 없는 소수만의 것을 즐기는 문화가 발달한다. 그러면서 한 끼에 20만 원을 웃도는 파인다이닝을 즐기고, 한 달치 월급보다 비싼 명품 가방을 사고, 그게 어렵다면 명품 이름이 들어간 향수나 화장품이나 지갑이라도 사서 사진을 찍어 올린다.

또 시간이 날 때면 골프를 즐기며 드넓은 필드에서의 내 모습을 사진 찍어 올린다. 스크린 골프연습장은 상대적으로 거의 올라오지 않는다. 여기까지는 어느 정도의 과소비로 허세를 충분히 즐기며 자주 게시물을 업로드할 수 있다. 그리고 허세 피라미드의 상위로 올라갈수록 돈의 단위가 달라진다. 다른 명품보다 몇 배는 비싼 시계를 사고, 한강이 보이는 집에서 자연스럽게 찍은 사진을 업로

드한다.

단순히 집만 자랑하는 게 아니라, 그 집의 인테리어까지 사진을 찍어 올리며 '내가 원하는 대로 꾸민 내 집'이라는 점도 은근히 함께 어필하는 것이다. 그리고 그 집에 어울리는 최고급 가구를 찍어 올리고 그 누구도 쉽게 따라 할 수 없는 최상위 클래스의 삶으로 관심을 한몸에 받는다.

젊은이들에게 골프는 그다지 인기 있는 운동이 아니었다. 다른 스포츠에 비해 역동적이지도 않고, 젊은이들이 즐길 수 있는 포인트도 적은 편이다. 그런데 '인스타그램'이라는 게임판에서는 내 친구들이 못하는 것을 업데이트하면 희소성과 특별함을 얻을 수 있기에, 중년이 주로 즐기는 스포츠에 흥미를 느꼈던 건 아닐까? '좋아요(하트)'가 많아야만 이 게임에서 승리할 수 있고, 그것이야말로 게임 캐릭터가 잘 크고 있다는 반증이기 때문이다. 조만간 골프가 아닌 다른 스포츠로도 유행은 옮겨갈 것이다. 상대적으로 저렴한 테니스나 스킨스쿠버, 웨이크보드 같은 것도 조금씩 부상하고 있다.

그러니까 이유가 무엇이든 요즘 청년 세대는 어떻게든 다수가 아닌 소수 편에 서는 스포츠, 사진 찍기 좋은 힙한 곳을 겸비한 스포츠를 점차 많이 즐기고 있다. 이것은 '게시물 업데이트를 위한, 남들이 안 하는 것'과 절대 무관하지 않을 것이다.

연예인 A가 구입한 천만 원짜리 테이블, 셀럽 B가 다녀온 고급 레스토랑, 재벌 C가 타고 다니는 자동차, 우리는 이런 것들을 대부분 인스타그램으로 접한다. 댓글에는 정보 공유의 장이 열리고 사람들은 너도나도 '생일에 여기 가자' '이거 갖고 싶다' '이게 바로 내 드림카'라며 자신의 게임 캐릭터를 어디까지 키우고 싶은지 열띤 토론을 벌인다.

우리는 현실에서 내 연봉을 올리고 내 커리어를 쌓으며 느끼는 스트레스를, 어쩌면 온라인 가상현실 안에서 내가 원하는 모습의 부캐를 만들어 내가 꿈꾸던 삶을 살며 푸는 것은 아닐까? 그 부캐를 위해 돈을 쓰고 좋은 곳에 가고 좋은 음식을 먹고 인증샷을 기록하면서 우리는 허세 인플레이션에 탑승한다. 부캐의 행복이 내 행복이고, 부캐가 누리는 것들이 진짜 내 것이라고 착각하면서 말이다.

2023년에도 그 심리를 교묘하게 자극하는 이들이 돈을 쓸어 담을 것이다. 부자가 되고 싶다면 허세 인플레이션에 탑승하기보다는 그 현상을 객관적으로 바라보고 돈이 어떤 방향으로 어떤 형태로 흘러가는지를 봐야 한다.

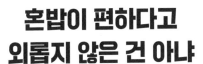

혼밥이 편하다고
외롭지 않은 건 아냐

관계가 불편하고, 힘들다고 말하는 2030 세대이지만, 오히려 2023년
에는 그들의 외로움을 달래기 위한 시장이 지금보다 더 커질 것이
다. 그들은 온라인에서 나만의 친구를 찾는다. 텔레비전 방송보다
유튜브를 더 많이 보고, 트위치, 아프리카TV 등 인터넷 방송을 즐
겨 본다. 텔레비전 속 연예인들은 일방적으로 정보를 전달하지만,
유튜브 같은 인터넷 방송은 쌍방 소통이 가능하기 때문이다.

댓글을 달고, 라이브 방송에서 채팅을 하면서 서로 소통하는 느
낌을 받고 유대감을 쌓는다. 개인주의가 점점 더 파편화될수록 이

현상은 증가할 것이다.

　　몇 년 전만 해도 정보전달의 기능이 컸던 유튜브는 이제 흥미는 물론이고 휴식으로서의 공간 기능도 제공한다. 내가 원하는 장소, 내가 원하는 시간에 원하는 방송을 골라볼 수 있다는 특징이 있기 때문이다. 실제로 대다수의 2030 세대는 혼자든 여럿이든 식사 시간에 텔레비전 틀어놓듯 유튜브 방송을 시청하며 식사를 한다. 텔레비전을 대체할 뉴스와 예능 채널도 많이 생기고, 원하는 분야를 적극적으로 탐구할 수 있는 교양 채널도 넘쳐난다. 심지어 라디오의 역할까지 대체하고 있다.

　　사람들은 오프라인 만남보다 온라인 만남을 선호하면서 자주 보는 유튜버를 친구처럼 느끼기도 한다. 인터넷 방송이 무조건 재미있어야 하는 것도 아니다. 내 주변에 있을 법한 친숙한 사람이 등장해서 나와 비슷하게 사는 잔잔한 영상들의 인기도 어마어마하다. 보는 데 부담이 없기 때문이다.

　　지인들의 안부는 인스타그램으로 파악하고, 외로운 감정은 유튜브를 보며 해소한다. 오프라인 만남을 거의 가지지 않고 생활하는 것도 불가능한 일만은 아니게 된 것이다. 오프라인에서 사람들을 만나는 것에 대한 노력이 힘들다 보니 차선으로 선택한 정서적 관계라고 볼 수도 있다.

텔레비전을 본다고 해도 원하는 연예인만 골라서 볼 수 없고, 원하지 않는 방송과 광고까지 시간을 허비하며 봐야만 하는데, 유튜브는 라이브 소통은 물론, 시청자들이 채팅이나 댓글을 달면 답변도 받을 수 있고 시청자들이 원하는 콘텐츠를 직접 말하고 피드백도 받을 수 있다.

단순히 콘텐츠 제공자와 수요자가 아니라, 사이버상의 친구가 되는 것이다. 그래서 이렇게 사람들의 외로움을 달래주는 가장 큰 존재가 된 유튜브 시장은 앞으로 더욱 커질 수밖에 없다. 물론 그 안에 담기는 콘텐츠의 방향성은 시대 변화에 발맞추어 달라질 것이다.

2023년에는 꼭 유튜브 뿐만 아니라 인터넷 기반의 소통 채널 방송이 더욱 커질 것이다. 일반 방송국과 인터넷 방송의 근본적인 차이는 소통의 방식과, 그 소통에서 오는 친밀감이다. 광고는 없어질 수 없는 산업이기 때문에, 텔레비전 방송이 사양될수록 대체재를 찾을 것이고 그것은 인터넷 방송의 대표 플랫폼인 유튜브, 트위치, 아프리카TV 등일 것이다.

부자 프리미엄과
가성비의 상관관계

'프리미엄'은 그만큼 가성비가 떨어진다는 뜻이다. 허세 피라미드의 꼭대기로 갈수록 점점 가성비가 떨어진다. 전 세계에 몇 대 없는 외제차와 한강 뷰 집도 가성비는 대단히 떨어진다. 돈 자랑하는 게 멋지다고 사회가 계속 인정해주는 분위기라면 인정욕구 때문에라도 부자들은 더욱 돈 자랑을 할 것이고, 부자의 삶은 더욱 프리미엄화 될 것이다.

게임 캐릭터에 돈을 쓰는 것은 바보짓이라고 말하던 사람들도,

SNS라는 게임에서 돈을 써서 자랑하면 멋지다고 생각한다. 모두가 참가한 게임에서 성공한 사람들이라는 인식 때문이다.

페이스북에서 인스타그램, 인스타그램에서 유튜브와 틱톡 등으로 이동하는 흐름에 맞춰 글에서 사진, 사진에서 동영상으로 갈수록 이 판은 더욱 극단적인 양상을 띨 것이다. 사진 한 장을 필터로 보정하는 것에 비해 영상 제작은 고화질의 카메라와 정교한 편집이 필요하기 때문이다. 아무리 시끌벅적한 곳도 사진으로는 한 부분만 포착이 되니 조용하고 나만을 위한 곳처럼 보일 수 있어도, 영상은 그 현장의 분위기를 담아내야 하니 원하는 대로 연출하기가 어려워진다.

그럴수록 더욱 멋지고 고급스러운 곳을 가야 한다. 더 이상 현실을 연출할 수 없는 시대가 올수록 돈을 더 많이 써야 하는 것이다. 다시 말해 더 어려운 난도의 온라인 게임이 된다는 것이다.

다수가 소수를 따라 하기 어려워질수록 양극단에 있는 이들끼리의 격차는 심해지고, 한 번이라도 좋은 곳에 가려는 다수의 욕심은 커질 것이다. 요즘은 부자가 동영상을 더 많이 올린다. 값비싼 제품을 마음껏 플렉스하면서 멋진 삶을 자랑하는 듯 영상을 찍어 올리는 것이다. 요즘 유행하는 이런 문화에는 "따라 할 수 있겠어?"라는 의도가 숨어 있다. 나를 과시하면서 경쟁하듯 돈을 더 많이 쓸 수밖에 없는 영상을 올리는 추세는 더 심해질 것이다.

절대적으로 돈이 많은 사람들을 일반인들이 따라 할 수 없다는 것을 부자들은 이미 알고 있다. 부자는 소수고, 그중 부자인 것을 드러내고 싶어 하는 사람들이 인스타그램이나 유튜브와 만나면서 그들을 추앙하는 사람들이 늘어나니 자랑이 반복된다. 예전에는 돈 자랑하는 사람을 대부분이 욕했다면, 요즘은 좋게 보는 사람들이 몇 배는 늘었다.

부자들은 돈이 많은 삶을 어떻게 표현할지 점점 더 고민할 것이다. 여기서 특이한 점은, 과시욕을 가진 부자들은 가성비가 떨어지는 방식을 선호한다는 것이다. 가성비가 떨어지는 선택을 한다는 것은 그만큼 돈이 많다는 방증이 되기 때문이다. 그래서 스마트 시계 대신 값비싼 명품 시계를 사거나 A/S가 편한 자동차 대신 부품을 구하기도 힘든 고급 외제차를 선호한다. 그러니 가성비가 떨어질수록 프리미엄(고급)에 가깝다고 여길 수밖에 없다. 부자의 삶이 일종의 프리미엄 그 자체가 되는 것이다.

에르메스 가방을 기다리기 싫다고 웃돈을 더해 4,000만 원이나 주고 산다면 대부분의 사람들은 낭비라고 생각할 것이다. 그 돈이면 할 수 있는 다른 일들이 넘치기 때문이다. 그런데 반대로 부자들은 가성비가 떨어져도 기꺼이 선택한다. 남은 못하는데 나는 할 수 있는 프리미엄을 고른다.

가성비 좋은 것들은 누구나 선택한다. 7시간 거리의 해외로 여행을 갈 때 비행기의 비즈니스석 티켓을 끊으면 이코노미석과 비교해 돈을 두 배 이상 내야 한다. 이착륙 시간과 밥 먹는 시간을 빼면 딱 5시간을 앉아 있는데 돈을 몇 배 더 쓰는 것이다. 누군가는 그것을 보고 낭비라고 할지 모르지만 반대로 생각하면 그런 돈을 기꺼이 쓸 수 있는 부자라고 생각할 수 있다. 페이스북에서는 이 여행의 출발을 "인천에서 출발해서 발리에 도착했다."고 그 어떤 자랑도 섞지 않고 한 문장으로 쓰고 끝낼 수 있겠지만, 인스타그램에서는 비즈니스석에 탄 모습을 한 장 찍어 올리면 끝이다. 그러면 자연스럽게 사람들은 알아챈다. 이 사람이 최소 서너 시간 이상의 떨어진 곳으로 여행을 간다는 사실과, 비즈니스석을 탔다는 사실과, 그 정도로 경제적·시간적 여유가 있다는 사실과, 꽤 괜찮은 삶을

4장 MONEYFLY EFFECT

산다는 사실을 말이다.

이런 사진이 피드에 많이 올라올수록 "나는 이렇게 돈에 구애받지 않고 가성비 떨어지는 선택을 할 수 있는 사람"이라는 것을 보여주려는 욕구가 점점 커지는 것이다. 그런 사진 한 장으로 자연스럽게 스스로 성공했다는 느낌을 주기도 한다.

과거에도 양극화는 있었지만 지금처럼 모두에게 노출되지는 않았다. 가난해도 가난한 줄 모르고 살거나, 부자여도 부자인 줄 모르고 사는 사람도 많았다. 1980년대에도 미국으로 유학을 가거나 골프를 쳤던 이들도 많은데, 그때는 사진이나 글로 자랑하는 문화도 아예 없었으니 대부분의 사람들은 나와 다른 삶을 모르고 살았다. 그런데 지금은 왜 다들 양극화가 심해졌다고 입을 모아 말할까? 모두가 SNS를 통해서 타인의 삶의 방식을 알아버렸기 때문이다.

SNS라는 현질 게임에 돈이 어마어마하게 많은 이들이 한둘이 아니라는 사실을 알 수밖에 없기 때문에 더욱 체감이 되는 것이다. 매일 보는 유튜브에도 플렉스 영상이 넘쳐나고, 명품 하울과 비싼 집에서 사는 사람들의 브이로그에는 부럽다는 댓글이 수백 개씩

달린다. 그러다 보니 진짜 부자들의 삶과 가까워졌다는 느낌이 들거나 그들이 나를 인정해준다는 생각이 들면 더 돈을 쓰게 되고, 더 비싼 음식을 먹고, 더 비싼 스포츠를 즐기고, 더 비싼 집이나 차를 사게 되는 것이다. 내가 이런 집에 살 수 있다는 걸 다른 사람에게 보여주는 것이다.

그렇기에 부자가 아닌 사람들도 어떻게든 부자로 보이기 위해 갖은 노력을 한다. 나름의 가성비를 따져 부자들의 아이템을 따라 하는 것이다. 골프장을 한 번 방문해서 옷을 세 번이나 갈아입고 마치 세 번 온 것처럼 사진을 찍는다. 한 달 동안 값싼 음식만 먹고 돈을 아껴서 비싼 호텔로 하룻밤 호캉스를 간다. 60개월 할부로 우리 집 포토존을 위한 최고급 명품 가구를 하나 산다. 이렇듯 실제로 돈이 많지 않으면 아무리 따라 하려고 해도 비용에서 오는 한계치가 있다. 그러면 또 다른 가성비 부자 코스프레 아이템을 찾아나선다.

불과 몇 년 전까지도 음식을 볼 때마다 사진을 찍는 것을 이상하게 보는 시선도 있었다. 그런데 지금은 사진을 찍지 않는 사람이 드물다. 왜 이런 문화가 생긴 것일까? 먹는 것보다 사진이 중요하기 때문이다. 그렇다면 왜 사진이 중요할까? SNS, 인스타그램 때문이다. 자랑하기 위한 것 말고는 사진이 중요할 이유가 없다. 내 얼굴이 함께 나오는 사진으로 소중한 시간을 기억하기 위한 것도 아니고, 음식을 최대한 맛있어 보이게, 지저분한 휴지나 스마트폰은 치우고, 핫플레이스 식당처럼 보이기 위해 연출해서 사진을 찍는다. 한창 디지털카메라가 유행했을 때도 이렇진 않았다. SNS가 활성화되면서 사람들은 사진을 많이 찍기 시작했고, 스마트폰이 발달하면서 더욱 많은 사람들이 사진을 찍고 바로 업로드하기 시작했다. 결국 사람들의 시선이 모이면 클릭과 좋아요가 늘어나고, 그것은 돈이 되기도 하고 내 욕망을 만족시켜주기도 한다.

우리가 좋은 차를 장만하거나 좋은 아파트를 매수한 것도 일종의 아이템을 장착한 셈이기에 사람들의 시선을 통해서 스스로가 돈이 된다고 느낀다. 강남 A 아파트에 산다, 반포 B 아파트에 산다고 말하면 재산 레벨은 이미 명함처럼 상대에게 알려진다. 희귀템, 레어템을 가지고 있으면 게임에서 인정받듯, 집의 가성비가 떨어지고 그 집에 사는 사람이 더 소수일수록, 사람들에게 더 인정받는 것이다. 현실에서는 그런 레어템을 가지는 일이 상당히 노력과 돈이 많이 들지만, 그만큼 '좋아요'를 더 많이 받을 수 있고, 소수만

누릴 수 있는 것들을 누린다는 즐거움도 느낄 수 있다.

갈수록 부자 프리미엄 시장의 값은 올라갈 것이고, 그것을 따라 하려는 사람들의 비용도 상승할 것이다. 음식과 패션은 규모가 작더라도 고급 매장이 각광받을 것이고, 주거도 부자만의 타운이 점차 많이 생길 것이다. 그러는 와중에도 가성비를 따져 어떻게든 부자를 따라가려는 이들의 노력도 끊이지 않을 것이다.

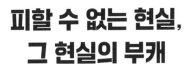

피할 수 없는 현실,
그 현실의 부캐

현실에서도 가상현실처럼 부캐를 키울 수 있을까? 요즘은 자녀를 일종의 부캐처럼 키운다. 자녀라는 부캐의 성장률은 결혼 단계에서부터 결정되는 경우가 많다. 결혼을 결정한 사람들 중, 무과금 캐릭터를 지향하는 사람끼리 만나면 자금의 문제로 아이를 바로 갖지 못하는 경우가 많은데, 부모에게서 경제적 지원을 받는 유과금러나 헤비과금러끼리 만나 결혼하면 주거, 자녀, 생활 문제를 돈으로 먼저 해결하고 앞서가는 모습을 SNS에 자랑한다. 그 과정에서 상대적 박탈감을 느껴 출산을 포기해버리는 딩크족이 되는 경우도 있다.

아이를 낳지 않고 둘이서만 살겠다는 '딩크족'의 딩크는 'Double Income No Kids'의 줄임말이다. 다시 말해 맞벌이로 수입은 두 배지만 아이는 없다는 뜻이다. 철저하게 삶을 경제적 관점에서 판단한 것이다. 물론 둘이서 자유롭게, 자녀 없이 행복하게 살겠다는 의미도 있지만 그 내면을 살펴보면 이 시스템상에서 부캐(자녀)에 돈이 들어가는 현질을 하기 싫다는 의미도 내포되어 있다. 아이를 낳는 순간 그 아이 역시 새로운 게임의 플레이어로 뛰어들 수밖에 없기 때문이다. 이와 같은 사회적 인식과 문화가 끊임없이 허세 인플레이션이 반복될 수밖에 없는 원인이다.

결혼을 하는 사람도 줄고, 그중 자녀를 갖는 사람도 줄면서 경제적 능력이 있는 사람과 없는 사람 간의 양극화가 더욱 심해지고 있다. 예전에는 한 학급에 50명의 학생이 있었다면, 이제는 절반도 안 되는 20명이 학급의 일반적인 규모다. 예전에는 공부를 잘하는 소수와 못하는 소수 사이에 중간층이 있었지만, 이제는 절대적인 인원이 줄고 중간층 역시 점점 줄면서 교육 투자의 격차가 벌어지고 월등히 잘하거나 전혀 못하는 양극단의 아이들이 늘어났다.

◆ 비혼 독신 무자녀 찬성

(단위: 각 질문 항목별 동의 비율)

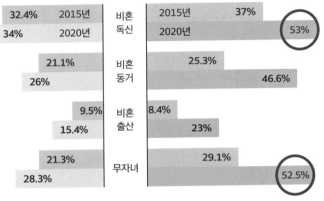

출처: 여성가족부 '2020.9 전국 10,997가구 대상 제 4차 가족실태조사'

SNS에서는 멋지게 꾸민 자신을 드러내면서도 자녀가 있다는 것을 오픈하지 않거나, 배우자나 자녀를 공개하지 않는 경우도 많다. 그러나 그중에서도 아이는 현실 속, 오프라인 부캐이기 때문에 불가피하게 돈이 많이 들어갈 수밖에 없다. 사회가 나만 평가하는 것이 아니라, 아이도 함께 평가하기 때문이다.

예전에는 한 가정에서 아이를 몇 명씩 낳기도 했기 때문에 그중

한 아이만 잘 되어도 됐지만, 이제는 집집마다 아이가 단 한 명인 경우가 많기에 어떻게든 자녀에게 돈을 써서 최대한 레벨업을 시켜주는 것이 부모의 목표 중 하나가 되었다.

게임 속에서도 돈을 수천만 원씩 쓰는 사람이 있고, 조금 쓰는 사람이 있고, 아예 쓰지 않는 사람이 있듯이 부모들도 헤비과금러, 저과금러, 무과금러로 나뉘어진다. 돈을 한 푼도 쓰지 않고 게임을 하거나 30초 이상의 광고를 다 보는 무과금러 같은 사람이 있는 반면, 있는 대로 돈을 다 써서라도 아까운 시간과 노동력을 줄이는 헤비과금러가 있다. 그런 부모들은 돈으로 시간을 사서 아이의 능력치를 더 높여준다. 이미 사교육계에서는 흔한 일이다.

똑같은 나이로 태어나서 똑같이 0살부터 인생을 시작하는데, 누구는 부모의 돈과 시간을 적절히 활용해 7살에 이미 선행 학습이 완료된 상태로 정규 교육과정을 시작하고, 누구는 충분한 돈과 시간이 없었던 탓에 선행 학습은커녕 정규 교육과정을 제대로 시작할 준비조차 하지 못한다. 이런 상황에서 무과금러는 절대 유과금러를 이길 수 없다. 이 게임판은 그렇게 설계되어 있기 때문이다.

부모에게 돈이 있으면 아이는 확실히 더 좋은 퀄리티의 교육을 받을 수 있다. 무과금러나 저과금러는 이런 게임판에서는 중도 포기할 수밖에 없다. 아무리 달려도 중간까지밖에 갈 수가 없다. 따라잡기도 어려울 만큼 저 너머 앞에서 달리고 있는 아이들이 눈앞에 보이기 때문이다.

이 같은 양극화 현상은 자녀라는 캐릭터를 집집마다 '딱 하나'만 키우고 있어서 더욱 심화되는 현상이기도 하다. 예전에는 여러 명의 자녀 중 한 자녀에게 쏟는 에너지나 돈이 분산될 수밖에 없었는데, 이제는 자녀라는 캐릭터 하나당 지갑을 여는 사람이 부모, 조부모, 친척 등 늘어날 수밖에 없으니 아이에게 해줄 수 있는 풍족함이 훨씬 더 커진 것이다.

그만큼 과거 대비 인당 투자금이 높아졌다. 적어도 어른 서너 명이 아이 한 명에게 올인하는 구조가 된 것이다. 30~40명의 어른들이 10여 명도 안 되는 아이를 키우는 셈이다. 그러니 인당투자금을 높여서 아이 한 명에게 훨씬 돈을 많이 쓰게 된다. 그러면 자연히 양극화가 따라올 수밖에 없다.

SNS가 없었으면 다른 사람들이 어떻게 사는지를 내가 모르니 "그냥 우리 둘이 행복하게 살자"가 가능하지만, SNS에서는 서로의 삶을 순위 매기듯 매일 볼 수밖에 없으니 돈을 안 쓸 수가 없다.

예전에는 SNS에 아이들 얼굴을 많이 올려서 아기가 예쁘다는 댓글을 주로 받았다면, 이제는 아이 얼굴보다 좋은 유모차와 비싼 유아용품에 초점을 맞춘 사진이 많이 올라온다. 나와 내 가족이 이렇게 풍족하게 잘 산다는 것을 끊임없이 드러내려고 고가의 유아용품에 투자하는 것이다.

이런 현상이 계속되다 보니 저렴한 것을 사거나 가성비가 좋은 것을 취하고 저렴한 문화를 향유하면 내 인생이 저품질이 된다는 비이성적인 결론에 이르기도 한다. 실제로는 그렇지 않아도 이 같은 편견에 스스로 갇히는 것이다. SNS나 자녀 양육을 게임판에 비유해 극단적으로 표현했지만, 이렇게 극단적으로 표현했을 때 더 와닿는 부분도 있다.

젊은 세대가 허세를 부리고, 가진 돈을 펑펑 쓰고, 결혼을 하지 않는 것은 온라인 기반의 사회망 서비스가 활성화되고 대세가 되면서 큰 역할을 하며 심화된 것으로 보인다.

돈이 있는 사람들만 결혼을 하고, 여유가 있는 사람들이 아이를 낳는 것처럼 보이는 사회에서 고를 수 있는 선택지가 제한된 것처럼 느껴진다. 예전에는 이런 현상이 심하지도 않았고, 남의 사정을 속속들이 몰랐으니 자기만족으로 잘 먹고 잘 살면 됐지만, 이제는 스마트폰만 열어도 나와 비교되는 사람들이 인스타그램에 넘친다. 결혼 상대자를 캐릭터 부양과 연관지어 생각하고, 예전에는 관심도 없었던 호텔 결혼식과 초호화 신혼여행, 비싼 신혼집과 인테리어에 전 재산을 쏟아붓기도 한다. 이 게임판에 있다 보면 점점 더 눈이 높아지고, 기준이 점점 높아지기 때문이다.

원룸
가스라이팅

사람이 살아가면서 가장 필요한 것 중 하나는 주거다. 내 한 몸 뉘일 공간이 있어야 돈도 벌고 자기계발도 할 의욕이 생긴다. 지금당장 수익이 적은 사람들도 대한민국 국민이기에, 나라에서는 이들의 주거 공간을 해결해줘야 한다. 아무리 온라인에서 멋들어진 부캐를 키우고 있더라도 가상현실에서만 24시간 사는 게 아니기에 팍팍한 현실로 돌아오게 된다. 스마트폰을 잠시 놓고 취업 준비를 하거나 회사를 가거나 친구를 만날 때는 가상현실 게임에서 잠시 로그아웃을 해야 한다. 그럴 때 사람들은 문득 현실을 깨닫는다. "내 삶이 이게 뭐지?" 하며 답답해한다.

　그런 이들의 주거 문제를 해결하기 위해 정부는 소형 주택을 만들어 공급하기 시작했다. 한 집을 반으로 쪼개서 두 집을 만들면 더 많은 사람들이 만족하고 살 수 있을 거라고 생각한 것이다. 과연 집을 쪼개서 제공하는 것만이 올바른 문제 해결 방법일까? 2인이나 3인 가구를 위한 주택은 N평이니 청년에게는 당연히 2/N평, 3/N짜리 집을 줘야 하는 걸까?

　왜 청년은 소형 주택에 살아야 할까? 돈이 없으니까 당연히 작은 집에 가서 살아야 하는 걸까? 원룸에 사는 게 당연하고, 그럴 수밖에 없다는 것도 일종의 가스라이팅이다. 청년들이 처음에는 그 말을 받아들이고 "맞아. 나는 돈이 없으니까 작은 집에 살아야지." 하는 마음으로 서너 평짜리 집에 살 수 있다. "지금은 집이 작지만 나는 언젠가 좋아질 거니까." 하는 희망을 가질 수도 있다. 그런데 이 오프라인 현실도 일종의 게임으로 본다면 내 게임 캐릭터는 아무리 열심히 일해도 레벨업이 안 되는 상황에 놓여 있다고 생각하게 되고, 좌절감을 반복해서 느낀다면 결국 나아가기를 포기할 수도 있다.

나중에 문제가 해결될 거라고 하지만 지금 당장은 어떻게 버티라는 걸까? 30~40년 뒤에 40~50대가 되면 좋은 집에 가서 살 수 있을 거라는 마음으로 참는다고 해도, 지금 정부는 주거 문제 해결에만 몰두하느라 전혀 쾌적하지 않은 공간에 청년들을 어떻게든 밀어넣고 있는 상황이다.

그러면 이 청년들은 계속 그런 작은 집에 살 수밖에 없고, 온라인 게임이라는 인스타그램에서 최소한의 소비(혹은 자기 딴에 최대한의 소비)를 계속하며 살 수밖에 없다. 현실에서도 돈이 없는데 부캐에 돈을 쓰고 있는 상황인 것이다.

그러면 다시 현실에서의 문제는 해결이 되지 않고 악순환이 반복된다. 온라인과 달리 현실 캐릭터의 문제는 진짜 큰 문제다. 실제로 큰돈을 벌지 못하기 때문이다. 이게 진짜 삶이기에 어떻게든 소박하게 살면서 인스타그램에서 유행하는 전시회와 맛집은 한 번씩 가서 큰돈을 쓰는 것이다.

그러다 보니 연애와 결혼은 현실의 삶이기에 시도조차 못하거나, 하지 않겠다고 다짐한다. 뛰어들 엄두조차 못 내는 것이다. 괜히 부캐(자녀)를 낳아서 무과금으로 키울 바에는 게임조차 접어버

4장 MONEYFLY EFFECT

리자는 마음으로 산다. 우리 사회의 청년들은 자신도 모르게 그런 길로 계속 걸어 들어가고 있다.

정부는 청년을 위한 주거정책으로 소형 주택을 만들어서 제공했다. 수량도 부족하거니와 침대와 식탁을 놓으면 꽉 차는 공간이다. 청년은 당연히 힘들어도 되고, 소형 주택에 살아야 하는 것도 감수해야 한다는 것은 어떤 논리일까? 우리 사회는 청년들이 방음, 단열, 옵션도 제대로 갖춰지지 않은 곳에 살면서 "지금은 집이 작지만 나는 언젠가 좋아질 거야."라는 희망으로 계속 살아가도록 종용한다. 그래서 그들은 계속 최소한의 소비만 하면서 살아가고 있다. 그러다 보니 결혼은커녕 연애도 꿈꿀 수 없게 되거나 시도조차 하지 않는다. 사회적으로도 악순환이 반복되고 있는 셈이다.

신분당선
신혼부부

연봉 2억으로 대표되는 신분당선 신혼부부는, 모두 올라서 있는 게임판 위에서 둘이 만나 자녀를 낳을 경우 가장 빨리 상위권을 넘볼 수 있는 마지노선이다. 비슷한 업계에서 일하는 비슷한 조건의 사람들이 만나서 자녀까지 득을 보는 셈이다. 신분당선 라인에 거주하려면 당연히 주거와 수익이 보장되어야 하고, 그러기 위해서는 근로 소득과 투자 소득이 어느 정도 보장이 되어야 한다. 부모에게서 물려받은 재산이 있을 수도 있다. 자금의 출처가 어디건, 기본적으로 수익이 평균 이상이라는 뜻이다.

◆ 신분당선 노선도

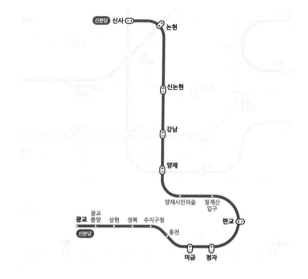

　판교, 광교 라인은 대부분 비슷한 경우가 많다. 그들은 꾸준히 돈을 써야지만 그나마 버틸 수 있는, 살짝만 삐끗해도 등수가 밀리는 이 판에서 '이 정도는 돼야 현재 사회의 팽창 속도를 따라서 상위권 계급으로 이동할 수 있다'는 사람들의 집단지성이 만들어낸 최소한의 기준이라고 볼 수 있다.

　신분당선 라인에 거주하는 사람들을 대부분 평균 이상으로 생각하는 경우가 많은데, 그들의 자산, 교육 수준, 직군이 평균 이상일 것이라는 배경지식을 갖고 있기 때문이라고 볼 수 있다.

어마어마한 노력으로 겨우 신분당선 라인에 집을 사서 주거하며 자녀교육을 한다면 버틸 수 있을까? 생활 수준이 기본적으로 높은 곳에서 산다면 아이의 교육과 생활에 관련된 비용이 다른 곳보다 훨씬 많이 들 것이기 때문에 내가 유지할 수 있는가가 중요한 문제가 된다.

강남 8학군에 입성하듯 신분당선에 입성했다고 해서 문제가 해결되는 것은 아니다. 신분당선 신혼부부는 본인의 능력과 부모의 능력이 더해져서 만들어지는 결과인 경우가 많기 때문이다.

전체 신혼부부 중 10%도 채 안될 그들은 어떻게 신혼부부를 떠올릴 때 상상하게 되는 기준점이 되어버린 걸까? 많은 사람들이 현재 대한민국 부의 팽창이나 양극화가 벌어지는 속도를 그만큼 극단적으로 체감하고 있기 때문이다. 당연히 판교에서 신혼부부가 결혼하면 최소 수십억 원의 자산을 가진 양가의 돈을 모은 셈이기 때문에 그들은 부자가 되는 속도가 빠를 것이다. 그 정도는 되어야 이 판에서 계속 상위권을 유지할 수 있을 거라는 사람들의 기준이 담겨 있다.

그들은 당연히 또 다른 부자 부모가 될 것이고 그들의 자녀에게

부의 대물림은 계속될 것이다. 누군가는 결혼을 해서 더욱 부자가 되고, 반대쪽에서는 결혼 자체를 포기하는 세상. 이 현상의 원인은 무엇일까? 아마도 비교심을 끊임없이 자극하는 이 사회 전체가 문제 아닐까?

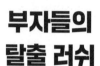

부자들의
탈출 러쉬

부자가 해외로 빠져나가고 있다는 것을 체감하는가. 실제로 그렇다. 많은 부자들이 해외 이민을 염두에 두고 있다. 여러 이유가 있겠지만 그중에서도 가장 큰 이유는 세금 때문이다. 이제 우리나라에도 상속세가 불러올 피바람이 휘몰아칠 것이다. 빠르면 2023년부터도 문제가 될 수 있다.

58년 개띠로 통칭되는 베이비부머 세대는 1955년부터 1963년 사이에 태어난 이들인데, 현재 60대인 그들이 가진 큰 자산을 자녀에게 물려줄 때가 다가오고 있기 때문이다. 현재 우리나라의 세법상 최고세율이 50%에 이르기 때문에, 까딱 잘못하면 재산의 절반을 세금으로 내야 할지도 모른다.

지금까지는 돌아가신 분들의 자산이 상대적으로 적었기에 상속액으로 세금을 책정할 때 세금을 많이 낼 일이 없었다. 쉬운 예로 강남구 대치동 아파트가 2억이었을 때는 세금을 내지 않아도 되었던 것이다.

강남의 아파트가 2억이던 시절에도 5억을 공제해줬다면, 같은 아파트가 30억이 된 시절에도 여전히 공제 금액은 동일한 상황이다. 서울 아파트 평균 가격이 10억을 넘는 요즘, 상속세는 더 이상 남의 일이 아니게 될 것이다. 이제는 본인이 중산층이라고 생각하는 사람들도 가진 자산을 정리하면 대략 10억 정도는 가지고 있는 셈이기 때문이다.

그러므로 요즘 시대에는 상속세에서 자유로운 사람들이 별로 없다. 앞서 말한 베이비부머 세대의 재산도 상당히 쌓였기 때문에 그들이 자녀에게 재산을 상속하기 시작하면서 문제가 생길 것이다. 수십억 단위까지는 어떻게 낸다 하더라도, 백억 단위로 올라간다면 50%의 세금을 내야 하는데 과연 이들이 이 돈을 고스란히 낼

까? 200억을 가지고 있다면 100억을 세금으로 내야 하는데, 아무리 몇 억을 공제한다 해도 그 돈을 현금으로 가지고 있지 않는 이상 버틸 수 없는 수준의 세금일 것이다.

그러면 사람들은 세 가지 선택 중 하나를 하게 된다. **첫 번째로 울며 겨자 먹기로 세금을 내거나, 두 번째로 세금을 어떻게든 피해 탈세를 하거나, 세 번째로 이민을 가는 것이다.**

만약 순순히 세금을 낸다면 평생 피땀 흘려 번 돈의 반을 한순간에 날리는 셈이 되고, 세금을 어떻게든 피하려고 한다면 일감을 몰아주는 회사를 차리거나 뒷돈을 만들거나 비자금을 굴리거나 코인과 같은 방식으로 돈을 따로 영유할 것이다. 그런데 이 방법은 쉽지가 않고 대부분 위법이기 때문에 위험하다. 그래서 세 번째 선택지인 이민을 간다는 것은 '세금을 아예 안 내도 되는 대상자'가 되기를 선택하는 것이다. 가진 자산을 모두 현금화해서 이민을 가는 순간 세금을 내지 않아도 된다.

미국의 경우 자녀에게 부부 합산 최대 2,340만 달러(원달러 환율 1,428원 기준 약 334억)까지 무상 증여를 할 수 있다. 그에 반해 한국에서 같은 금액의 재산을 물려주려면 재산의 50%인 약 170억 원의 세금을 내야 한다.

이런 이유로 실제로 부촌에 거주하는 이들이 대거 이민을 가고 있다. 운영하던 중소기업마저 팔고 이민을 선택한다. **우리나라의 재산이 상당수 해외로 빠져나가는 것은 앞으로 여러 측면에서 사회적으로도 큰 문제가 될 것으로 예상되지만, 국민 정서상 해결이 쉽지 않을 것이다.**

미국뿐 아니라 싱가폴 등으로도 많이 떠난다. 재산이 상당히 많은 기업가나 자산가들은 50억, 100억씩 세금을 낼 바에는 이민을 선택하겠다고 말한다.

강남권, 특히 아들을 가진 부모들이 이민을 많이 간다. 그들이 자녀에게 재산을 더 많이 물려주기 때문이다. 아직까지도 한국인의 정서상 딸은 시집을 보내고, 아들의 경우 며느리가 들어오는 일이라 돈이 더 필요하다고 보는 것 같다.

평생에 걸쳐 키워낸 자녀에게 줄 돈의 반이 날아가는 일이다 보니 상속세는 두려움의 대상이다. 세법이라는 이유로 모은 돈의 반을 나라에 바치라는 것이니, 한편으로는 인생을 부정당하는 느낌이 들 수 있다. 80살까지 일해서 수백억을 모았다면, 그들은 아마 "40살까지만 일하고 나머지 40년은 놀 걸, 왜 내가 평생에 걸쳐 모은 돈의 반을 국가에 넘기고, 자녀에게는 내가 번 돈을 주지도 못하고 떠나야 하냐."는 생각을 하게 되지 않을까?

그러다 보니 실제로 모 정치인은 상속세 폐지 법안을 공약으로 내세우기도 하고, 어떤 이는 국민 청원 게시판에 청원을 요청하는 게시물을 올리기도 했다. 그런데 정부에서는 앞으로 세금이 더 많이 필요하다고 한다. 저출생·고령화 사회에서 젊은이들은 세금을 낼 여력이 없다고 하니 그 돈을 부자에게서 걷는 것이다. 하지만 그럴수록 부자들은 어떻게든 세금을 피하려 할 것이고, 여의치 않으면 이 나라를 떠날 것이다.

자산이 140억 정도 있는 어느 할머니는 치매를 앓다 돌아가시고 세금을 65억이나 내라는 통지를 받았다. 그러면 그 자녀들은 세금을 내기 위해 할머니의 건물을 팔고, 가진 재산들을 정리해서라도 내야 한다. 상속세를 내기 위해 자산을 정리하면서 또 한 번 양도세 등을 부담하고 나면, 한 가족의 재산이 순식간에 1/3 수준으로 쪼그라들게 된다.

이런 일들이 반복되면 굴지의 기업가들이 재산을 아무리 많이 모았어도 기업을 팔고 해외로 떠나기 시작할 것이다. 약 12조 원이라는 전 세계적인 이슈가 된 고故 이건희 회장이 남긴 삼성가의 상속세를 보면, 다른 기업인들도 남 일처럼 느끼지는 못할 것이다.

증여세도 마찬가지인데 배우자에게는 6억, 성인 자녀에게는 5,000만 원까지 공제할 뿐 세율은 상속세와 동일하다. 통계적으로 우리나라 40대의 자산이 4억대, 50대의 자산은 6억대이다. 그러니 실제로 증여세를 낼 사람이 아직 많지는 않지만 내야 하는 사람에게는 가혹하게 크다. 그리고 그런 세금을 내는 사람들은 대부분 고용을 유발하는 기업을 가지고 있다거나 건물을 갖고 있는 자산가들이다.

미국은 공적 재단을 만들거나 사회에 큰 공헌을 하면 세금을 감면해주는 정책도 쓰고 있다. 그러니 재벌가들이 재단을 많이 만들고 사회 공헌을 선도한다. 그런데 우리나라는 부자면 정부한테 돈을 더 내야 한다고 당연하게 강요한다. 이 사람들에게 대안이 없다면 세금을 낼 테지만 싱가폴, 미국, 포르투갈처럼 사실상 세금이 없는 나라들은 많다. 그러니 세금이 적은 나라로 이민을 진지하게 고민하는 것이다.

 국적을 강제로 바꾸지 못하게 하지 않는 이상 아마 그들은 떠날 것이다. 열심히 일해야 되는 이유를 찾지 못할 수도 있고, 사회의 동력이 멈출지도 모른다. 가뜩이나 고령화 시대에 일을 더 해야 되는 이유도 사라질지 모른다. 그러므로 상속세와 증여세는 2023년에 반드시 논의되어야 할 중요한 사회 문제 가운데 하나다.

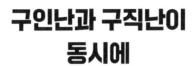

구인난과 구직난이
동시에

사농공상의 나라인 대한민국에서 좋은 직업은 뭘까? 남들은 인정해주지 않지만 본인이 좋아하는 일을 하는 것은 용기가 필요하다고 말하고 부모님이 걱정하지 않는 직업, 연인이 걱정하지 않는 직업은 대부분 좋은 직업이라고 생각한다.

이것을 반대로 말하면 우리나라는 기술의 가치를 아주 폄하한다. 공부가 아니라 몸으로 체득해야만 하는 기술 직군에 대해 너무나 싼 값을 매긴다.

예를 들어 세무사와 상담하는 데 30분에 20만 원을 내야 한다면 무척 비싸다고 생각한다. 그런데 세무사는 단순히 세무 공부만 한 것이 아니라 그 지식과 판단력을 습득하기 위해 어마어마한 시간과 경험을 쌓았을 것이다. 미용, 용접 같은 일도 마찬가지다. 그러나 사람들은 전문직인 그들이 가지고 있는 기술이나 통찰력에 대해서는 가볍게 여기고 쉽게 폄하한다. 왜 미용사에게 많은 돈을 주어야 하고 용접공이 왜 1억을 받아야 하느냐고 되묻는 사람들도 많다. 이런 인식이 여전히 우리 사회에 만연하기 때문에 기술직에 사람들이 지원을 꺼린다.

그로 인해 기술직에는 구인난이 생기고, 사무직에는 구직난이 생긴다. 말로는 아니라고 하지만 자녀가 데려온 연인이 용접공이나 미용사라고 하면 탐탁지 않아 하는 부모들이 많다. 돈을 아무리 많이 벌어도 불안정하다고 생각하거나 누구나 할 수 있는 일이라고 생각하기도 한다. 이렇게 무의식중에 직업의 귀천을 만들어놓았기 때문에 구인난과 구직난이 동시에 생기는 것이다.

직업은 단순한 돈벌이라고 볼 수도 있는데 기술을 하도 폄하하다 보니, 기술직을 천하다고 생각하고 사무실에 앉아 있는 사람들은 양반처럼 귀하다고 생각한다. 아직도 우리에게 이런 조선 시대 마인드가 남아 있는 것은 아닐까?

우리나라도 외국처럼 머리 자르는 데 6~7만 원을 주고 기술직에 대해 엄청난 비용을 지불해야 한다면 어떻게 될까? 대학 진학률이 70%가 넘는 한국에서는 모든 학생들이 좋은 대학에 들어가서 화이트칼라 직군의 일을 할 수는 없다. 그러면 블루칼라를 선택한 이들에게도 돈을 많이 벌게 해주거나 대안이 있어야 하는데, 부모나 우리 사회 시스템이 그렇게 흘러가게 두지 않는다.

구인난과 구직난에는 최저임금 문제도 맞물려 있다. 최저임금이 올라가면서 인건비가 비싸졌다. 우리나라는 고용 경직성이 대단히 높은 편이다. 30년 전만 해도 사람을 뽑으면 회사가 당연히 책임지는 분위기였고, 평생 직장이라는 말도 흔하게 썼다. 그러다 IMF 이후로 분위기가 확 바뀌었지만 고용법이 그 변화를 따라가지 못했다. 이제는 정규직으로 한번 채용하면 웬만해서는 해고하기가 어렵다. 가뜩이나 고용성이 경직돼 있는 상황에서 최저임금도 많이 올려버리니, 사람들이 선호하는 사무직의 임금도 그에 따라 상승하였다. 안정적인 일자리와 임금이 뒷받침되니, 이런 자리들은 항상 구직난이다.

20년 전에는 편의점 알바가 1시간에 1,900원을 받았다면, 지금은 다섯 배가 올라 만 원을 받는다. 20년 동안 어떤 물건 값이 다섯 배가 올랐을까? 거의 오르지 않은 업종들도 많다. 물건 값도 많이 못 올리는데 인건비가 많이 올라가고 임대료도 올랐다. 이런 악조건에서 당연히 사업을 하려면 비용을 줄이고 이득을 맞춰야 하니까 인건비를 줄이는 것이다. 그래서 결과적으로 무인화가 쉬운 카페 같은 것들이 생길 수밖에 없다.

실제로 최저임금이 올랐던 시기에 무인 카페, 무인 편의점, 무인 아이스크림 가게 등이 많이 생겼다. 최저임금이 올라가는 게 꼭 나쁘다고는 볼 수 없지만, 그로 인해서 가뜩이나 이익률이 낮은 업종에서는 고용자의 직장이 없어진 것은 사실이다. 결국 누군가의 직업이 없어지고 그것은 기계나 어플리케이션으로 대체된다.

이런 상황은 사업하는 사람한테는 잠깐의 이득일 수 있어도 국가적으로는 일자리가 없어지면서 누군가는 소득이 줄어드니까 국가가 케어해야 하는 일이 된다. 원래는 돈 벌어서 세금을 내던 존재가 이제는 지원을 받는 존재가 되기 때문이다. 사회적으로 좋은 현상은 아닐 것이다. 당연히 한 번 올라간 임금은 내려갈 수가 없으니, 앞으로도 최저임금은 계속 오를 것이다.

적당한 수준의 임금을 보장해주면서도, 구인난과 구직난을 동시에 해소할 수 있도록 나라에서 안팎으로의 지원이 필요하다. 그리고 그보다 앞서 필요한 것은 직업에 귀천이 없다는 인식과 기술직에 대한 적절한 대우일 것이다.

파이어족은 부자다?

파이어족은 부자만 선택할 수 있는 삶의 방식일까? 대부분의 사람들이 파이어족을 경제적 여유가 있어서 은퇴도 빨리 한 사람들이라고 생각하겠지만 파이어족은 부자가 아니다. 단지 빨리 은퇴해서 최소한의 소비와 재산으로 연명하는 사람들이다. 그들은 소비를 극단적으로 줄이고 소비보다 조금 더 많은 자동 소득을 벌어서 생활한다. 젊어서 큰 부자가 되었기 때문에 은퇴한 경우가 아니다.

예를 들어 내가 월 100만 원을 소비하는 30대 남자인데 혼자 고시원에 산다면, 월 130만 원의 자동 소득을 만들어서 은퇴하게 되었을 때 소득보다 소비가 적으니까 파이어족이 되는 것이다.

그런데 사람들은 조기은퇴자일 뿐인 파이어족을 부자라고 착각한다. 경제적 자유가 있다고 생각하기 때문이다. 하지만 파이어족은 소득을 넘어서는 큰 소비를 절대 할 수 없다. 꾸준히 오래 그 생활을 유지해야 하기 때문에 갑작스러운 지출, 즉 과소비와는 거리가 먼 삶을 살게 된다. 그러니 파이어족을 꿈꾸고 있거나 꿈만 꾸다가 포기했다면, 이제부터라도 소비보다 소득을 늘릴 수 있는 방법을 찾아보자.

5장

돈이 되는 테크를 먼저 익혀라

MONEY-MAKING TECH

테크 실망의
시대

지난 2022년 한국 경제는 한마디로 테크에 대한 실망의 시대였다. 왜냐하면 코로나로 인한 갑작스러운 팬데믹 상황에서 2021년에는 테크의 이점을 적극 활용하며 생활했고 많은 사람들이 테크를 익혀 사용하며 편리함을 누렸는데, 2022년에는 막상 투자 측면에서 실패했기 때문이다.

2022년 초부터 테크주가 폭락하기 시작했고, 투자자들은 엄청나게 분노했다. 여기 더 기름을 부은 것이 가상화폐 루나·테라가 상장 폐지되는 일련의 사태였다. 이 사태를 지켜본 사람들은 자신이 직접 투자하지 않았더라도 '이 기술은 역시 믿을 게 못 돼, 빅테크는 도둑놈들이야' 하는 생각을 품게 됐다. 메타버스만 해도 특히 올해 부동산 사기나 성희롱 문제까지 거론되다 보니, 윗세대들이 보기에도 젊은 사람들이 사고를 저지르는 잘못된 길이라는 실망감이 상당히 팽배해졌다.

그럼 2022년에 가장 눈에 띄었던 테크 이슈는 뭘까? 우리 사회 전체적인 분위기를 봤을 때, 어느 아동 만화 제목인 '○○에서 살아남기'처럼 사막, 화산 등 극한의 상황에서 살아남는 느낌이라고 보았다. **여전히 위협은 끝나지 않았기 때문이다.**

팬데믹이 끝났다고 하지만 여전히 새로운 위협이 다가오고 있다. 갑자기 전쟁이 시작됐고, 긴축재정으로 금리가 너무 빨리 오르고 있고, 팬데믹 전까지 해도 사회적 불균형이 완화되는 것 같다고 했지만 다시 심화되고 있는 상황이다.

또한 국가를 불문하고 지구 전체에 걸쳐 환경 문제 역시 심각성이 대두되고 있다. 팬데믹을 넘어서 더 많은 문제들이 복합적으로 등장하고 있는 것이다. 이로 인해 사람들이 두려움을 품은 상태인 듯하고 이 두려움 속에서 앞으로 어떻게 행동할 것인지가 관건이다.

　이런 상황에서 2023년에는 '장기적 생존'이 주요 이슈가 될 것이다. 더 현실적이고 쉬운 말로, '버티기를 위한 기술'이다. 글로벌한 문제에 있어서는 친환경적 측면에서의 버티기도 있고, 빅테크 시장의 경우도 그들이 투자를 많이 받고 주가가 올랐다고 해도 마찬가지로 나쁜 재정 상태를 버텨내야 한다.

　빅테크 기업 중에 몇몇 곳을 살펴보면, 넷플릭스의 가입자 수는 2022년 들어 2분기 연속으로 감소했다. 넷플릭스는 가입자 감소

◆ **넷플릭스 가입자수 추이**

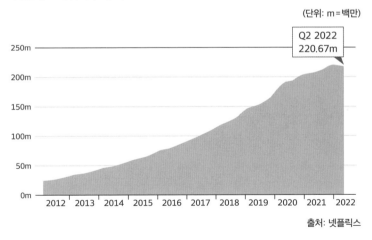

출처: 넷플릭스

에 대응하기 위해 기존에 없었던 광고 기반 구독모델을 추가하기로 했으며, 미국의 한 조사에서는 미국 대기업들이 소프트웨어를 구매하는 금액이 2021~2022년에 걸쳐 많이 떨어졌다고 발표했다. 우리는 IT 인력을 구하기 힘들다고 하지만 미국에서는 IT 인력의 연봉이 감소되고 실업률이 증가하고 있는 실정인 것이다. 미국 내에서는 경제 불황으로 내리는 일시적 해고인 레이오프lay-off system 대상자가 2022년 7월 기준으로 4만2천 명에 육박했다. 이런 현상 때문인지 '위험할 때는 역시 돈이 장땡이야, 금이 장땡이야' 하는 생각으로 버티기에 들어간 모습이 많이 관찰된다.

메타버스 시대에 필요한 기술, 메타인지

보통 부자들은 나이가 많은 편이다. 그러다 보니 그들은 공통적으로 변화에 보수적이다. 나이가 들수록 두려움이 많아지기 때문에 새로운 것을 수용하는 것을 꺼려한다. 그런데 본인이 변화에 보수적인 성향이라는 사실을 이미 스스로 알고 있다면 '메타인지'가 있는 사람이라고 할 수 있다. 대부분의 사람이 인정하려 하지 않지만, 나이가 들면 20대의 자신보다 감각이 떨어졌다는 것을 인정해야 한다. 본인의 두려움을 모르고 무시하면서 '내가 두려운 게 아니고 테크 산업이 별로라서 공부하지 않는 거야'라고 생각하면 안 된다.

이제는 그러기보다 사고구조를 스스로 머릿속에 넣어야 한다.

'당연히 VR 기기를 쓰면 어지럽고 무거운데, 내가 이제 50살이 됐으니 당연히 그런 거지. 그래도 써보자. 새로운 거잖아.'라고 하며 받아들일 줄 알아야 한다.

누구나 새로운 것을 마주할 때 느끼는 두려움과 기대가 있다. 그럴 때 우리는 두려움을 내세우면서 새로운 것을 거부하고 부정하고 피하지 말고, 두려움 자체를 인정하고 수용해야 한다.

또 명심해야 할 것은, 무조건적으로 변화를 수용해서 그 기술에 투자하란 말이 아니라는 것이다. 본인이 직접 새로운 기술을 써보면서 판단을 해야 된다. 직접 사용해봐야지만 사용자 관점에서 깊은 경험이 생기기 때문이다.

이처럼 새로운 테크가 빠른 속도로 등장하고, 물리적 현실의 한계를 넘어서는 메타버스의 시대에는, 메타인지가 필요하다. 나이가 적든 많든 테크 분야에 대한 두려움과 무지를 인정하고, 새로운 것을 부정하고 피하기보다 비판적으로 판단해서 선택적 수용을 해야 한다.

NFT FLEX와
소셜 트로피

메타버스와 NFT Non-Fungible Token가 미래의 산업이자 먹거리라는 건 명확하다. 그렇지만 NFT 자체는 너무 큰 틀이어서, 그중에서는 발전 가능성이 높은 사업과 낮은 사업들이 혼재되어 있는데 대중들은 이것을 모두 묶어서 그냥 NFT로 보고 있다.

그렇다면 NFT를 어떤 식으로 세분화하고 구분해야 할까. 'NFT' 자체는 기술이다. 말 그대로 단순히 기술을 칭하는 말이며, 내가 NFT에 투자한다고 할 때 기술에 투자하는 것인지 이 기술로 만들어진 결과물에 투자하는 것인지부터 굉장히 다른 개념이라는 것을 반드시 알고 넘어가야 한다. 여기서부터 혼란스러워하면 안 된다.

사람들은 각종 미디어에서 전문가들이 등장해 NFT가 굉장히 좋은 기술이며 미래의 핵심 기술이라고 이야기하니 NFT가 들어가는 것들은 일단 사두면 돈이 되겠다고 생각해버리기도 한다. 그것은 절대 아니다. 일반 투자자들은 NFT라는 기술에 투자한 것이 아니라, 단순히 NFT를 기반으로 한 제품에 투자하는 경우가 흔하기 때문이다.

실제로 NFT를 구매한 사람들에게 구매 이유를 조사해봤더니, 첫 번째가 그냥 재미 있거나 예뻐서였다. 마치 내 취향의 물건을 수집하는 것처럼 딱히 실용성은 없지만 취미처럼 구매하는 경우가 많았다. 보통 물건을 수집한다고 하면 '플렉스'라고 할 수 있는 '가시적 허세'를 위한 수집도 있고, 예술적 가치를 알아서 미술품에 비싼 돈을 주고 수집하는 사람도 있다. 같은 미술품을 수집하더라도 '우리 집에 누구나 알 만한 비싼 그림이 걸려 있다'고 과시할 수 있는 기분에 미술품을 구입하는 사람도 있다. 그리고 이 심리들이 NFT 시장에서 통했다.

실제로 외국에서 유명한 운동선수들 중 몇몇은 구매한 NFT 작품을 자기 집 현관 앞에 설치된 50인치 화면에 띄워둔다. 이런 현상이 바로 대놓고 허세를 위한 소비라고 볼 수 있다.

현재 시장에서는 동조 효과가 굉장히 큰데, 많은 사람들이 한 산업에 투자하는 것을 보면 당연히 나도 투자해야겠다고 생각하는 것이다. 요즘에 쓰는 개념으로 '포모FOMO'라고 하는데, 예전부터 심리학에서 경제적 동조 효과를 지칭하던 것과 비슷한 현상이다. NFT에서는 이런 동조효과가 구매와 투자, 과시로 이어지는 경우가 많다.

그렇다면 유명인이 아닌 사람이 NFT 발행자로서 돈을 버는 게 현실적으로 가능할까? 2022년에는 NFT 교육 과정이 정말 많았다. 교육 내용은 대부분 비슷했다. NFT와 관련된 기술적인 부분을 보여주고 설명하지만, 실제로 NFT 플랫폼을 직접 만드는 사람들은 없다. 이미 만들어진 플랫폼에서 자기가 민팅minting(NFT에 블록체인 기술을 활용해 디지털 콘텐츠에 대해 대체불가능한 고유 자산 정보를 부여해 가치를 매기는 작업)한 것을 거래하는 것인데 그 과정은 심플하다.

사람들은 이런 수업에서 NFT 사업의 핵심 모델이라고 할 수 있는, 기존에 성공한 프로젝트들이 어떻게 백서를 만들어서 어떻게 돌렸는지를 배운다. 사업 계획을 짜는 방법을 배우는 것이다. 그런데 이 비즈니스가 물리적 부피가 있는 물건을 유통하는 시장처럼 재화를 확보하고 홍보해서 물류로 보내는 방식이 아니다 보니, 어떠한 형태로 비즈니스 모델을 구성할지 대부분 어려워한다. 결과적으로 이 평면의 그림을 누가 왜 사고 어디에 어떻게 팔고, 판매 이후에는 무엇을 해야 하는가를 비즈니스 모델을 가르치는 방식이다. 2023년에는 NFT 프로젝트가 엄청 많아질 것이다. 그동안 사람들의 관심도나 지식이 그만큼 많이 쌓여서 결과물로 나타날 것이기 때문이다.

이런 일련의 과정은 NFT를 사는 사람의 관점으로 생각해보면 명확하게 이해할 수 있다. 예를 들어 내가 축구 애호가라면, 유소년 축구 선수들을 미리 도와주고 싶은 마음이 들 수 있다. 단순히 그들에게 돈을 써서 투자 개념으로 돈을 벌고 싶다기보다, 축구라는 분야 자체가 잘되기를 바라는 마음이 있는 것이다. NFT라는 신기술에 투자해보고 싶고, 구매하고 싶고, 후원하고 싶은 마음이 든 사람들이 투자하는 경우도 있을 수 있다. 또는 이런 NFT 투자를 자신의 포트폴리오에 넣었을 때 남들에게 자신을 굉장히 첨단적인 사람이자 새로운 산업을 부흥시키는 데 도움을 주는 좋은 사람으로 인식시킬 수 있다는 생각에 일종의 '소셜 트로피'로서의 가치가 있을 수 있다. 이 가치를 판매하는 쪽의 가격 제안에 그런 심리가 들어맞으면 구매가 일어난다.

한편 트로피 효과도 별로 높지 않은 것 같고, 그런 심리적 효과를 기대하지 않고 순수하게 이 산업을 도와주려고 했던 사람들만 있다면 이 프로젝트는 진행될 수 없다. 이러한 개념은 이제 조금 더 정리가 됐지만 초반에는 더욱 두루뭉술했다.

실제로 크게 성공한 NFT 중 하나인 BAYC Bored Ape Yacht Club는, 스타트업 유가랩스가 발행한 이더리움 블록체인 기반의 NFT 콜렉션으로, 처음에는 누구도 성공 여부를 알 수 없었다. 그들도 암호 화폐를 통해서 벌어들인 큰돈을 엉뚱하게도 신기술 사업에 써보고자 시작한 것이었다. 그런데 망해도 괜찮다는 마음으로 시작한 프로젝트에 생각보다 많은 사람들이 돈을 투자하니, 이야기가 달라졌다. 조금 더 열심히 해보자고, 사람들이 투자한 것 이상의 가치를 주겠다고 결심해서 유명인들과 계속 연결 지으며 BAYC가 커질 수 있도록 계속 판을 깔아주었다.

이 NFT는 마돈나, 저스틴 비버, 에미넴 등이 구매해 화제가 되었고 유가랩스 역시 5조 원의 기업가치를 인정받았다. 그렇지만 후속되는 프로젝트에도 똑같이 적용할 수 있는 것은 아니기에, 앞으로 우리가 NFT를 구매할 때는 해당 기업의 백서 계획을 면밀하게 살펴보고 투자해야 할 것이다. 앞으로는 이런 방식의 NFT 발전 양상이 점점 더 정착될 것이다.

스마트폰의
멸종이 온다

앞으로는 스마트폰을 넘어설 XR_{eXtended Reality}(VR, AR 등을 아우르는 확장현실을 의미함)의 시대가 올 것이다. 가까운 국가 일본만 봐도 우리나라와 마찬가지로 편의점 야간 근로자들을 구하기 힘든 상황이다. 그래서 일본에서는 노동 강도에 비해 비용이 많이 들어가지 않는 로봇으로 이 문제를 해결하기 시작했다. 속도는 느리지만 로봇이 직접 물건을 채워준다. 편의점 일은 많지 않아도 세세하고 복잡하기 때문에 각종 오류가 발생할 수밖에 없는데, 그것을 원격 관리자 한 명이 VR을 쓰고 수십 대의 로봇을 동시에 지켜보며 관리한다. 오류가 나면 마치 자율주행 자동차가 오토파일럿을 끄고 자동으로 진입하듯, 관리자가 직접 로봇을 핸들링해서 물건 정리를 끝낸다.

이는 굉장히 혁명적인 시스템이다. 몸이 불편한 사람이 근무할 수도 있으며, 한 명이 수십 개의 편의점을 적은 비용으로 관리할 수도 있다. 그런데 여기에 사용되는 원천기술 자체가 VR, 공간 인식 기술 등 메타버스 기술이다.

스마트폰 관련 기술 특허의 글로벌 출원 규모의 추이를 살펴보면, 2007년부터 급격하게 올라갔다가 2018년 이후에 조금씩 감소세를 보인다. 이제 스마트폰으로 인간이 만들어 낼 수 있는 것들은 거의 다 만들어낸 것이다. 그럼 그다음은 무엇일까? AR 글래스(스마트 글래스)다. 이것은 VR 고글과는 또 다른 글래스형 장비이며, 이것이 스마트폰의 자리를 대체할 것이다.

스마트폰을 사용하는 사람들은 보통 가방에 노트북이나 태블릿을 넣고 다니는데, 앞으로는 스마트폰과 슬림한 VR 장비나 AR 글래스 하나를 챙겨 다닐 것이다. 어쩌면 스마트폰을 아예 들고 다니지 않게 될 수도 있다. 그렇게 장비 전환이 발생하는 것이다.

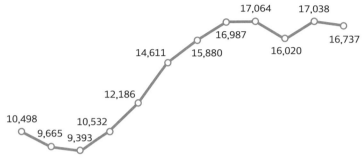

◆ 스마트폰 관련 기술 특허 출원 건수(2007-2018)

17,064 17,038

16,987 16,737

17,064
16,987 16,020
15,880
14,611
12,186
10,498
9,665 10,532
9,393

2007 2008 2009 2010 2011 2012 2013 2014 2015 2016 2017 2018

출처: GreyB

아마 한 번쯤은 행사에서 등장하는 그래픽 영상에서 어설픈 그
래픽을 본 적이 있을 것이다. 그것은 메타버스 중에도 가장 저렴한
기술을 쓰기 때문인데 그것은 해당 그래픽 영상을 휴대폰, 모니터,
커다란 브라운관 등 재생기기에 상관없이 똑같은 품질로 누구나
쉽고 편하게 볼 수 있어야 하기 때문이다.

이처럼 상황과 장소에 맞는 그래픽 기술이 발전하고 있고,
VR 기술이나 AR 글래스 기술이 정말 단시간에 현실이 될까 싶지
만 2007년에 갑작스럽게 등장한 스마트폰도 불과 몇 년 만에 그
전에 존재하던 모든 장비들을 다 밀어내고 그 자리를 차지했다. 장
비 전환은 한번 발생하면 굉장히 빠른 속도로 현실화된다.

메타Meta(페이스북, 인스타그램, 왓츠앱, 오큘러스 등을 개발·운영하는 기업)에서 2023년에 VR 장비를 서너 종 발표할 것이고, 2024~2025년에는 글래스형 장비도 출시할 것이라는 이야기가 나왔다. 애플 역시 2023년 초까지 메타보다 훨씬 더 슬림한 AR/VR 장비를 출시할 계획을 내세웠으며, 2024년에는 AR 글래스 출시를 계획하고 있다.

이미 발표된 계획에서 볼 수 있듯 확실하게 기기가 대체되는 **메타버스의 핵심에는 스마트 글래스, 다른 말로 AR 글래스가 있다.** 실제 중국에는 이미 AR 글래스가 출시되어 있다. 그러나 기계만 만든다고 끝이 아니라, 그것을 활용할 수 있는 또 다른 콘텐츠가 있어야 지속 가능할 수 있다.

메타와 애플 모두 플랫폼 사업자이기 때문에 그들이 AR 글래스를 만든다면 전파 속도가 급속도로 빠르겠지만, 중국에 있는 조그만 OEM 업체가 AR 글래스를 만들어봤자 플랫폼 업체가 함께 따라붙지 않으면 아무런 소용이 없다. 사실 그러한 기기를 제작하는 데 필요한 기초 기술을 이미 여러 기업이 보유하고 있다, 다만, 안경 렌즈에 증강현실 디스플레이를 부착하고, 이를 통해 다양한

UX(사용자경험)를 제공하는 기술, 기기를 시각적으로 아름답고 가볍게 만드는 부분이 좀 더 개선되어야 한다.

메타가 2021년 11월에 발표한 레이밴스토리라는 스마트 글래스의 첫 버전은 마치 바닷가에나 쓸 법한 선글라스 같은 느낌이다. 해당 기기의 렌즈는 디스플레이 기능이 빠진 상태이다. 또한 현재는 스마트폰과 연동을 염두에 둔 보조 기기이다. 그러나 디스플레이, UX, 경량화 등이 보완되면, 장기적으로는 스마트폰과 연동하지 않고 자체적으로 사용하는 장비로 발전하리라 예상한다.

VR과 AR의 기술 개발, 제품화 순서를 살펴보면, VR 기술과 제품이 완성된 후에 AR 기술과 제품이 나오는 흐름은 아니다. 현재 시장에는 주로 VR 전용 기기가 선보여지고 있으나, VR과 AR 겸용 기기가 보편화될 것이고, 이와 맞물려서 AR 전용 장비(AR 글래스)가 점차 시장을 지배하는 기기로 자리 잡을 것이다. 즉 스마트폰의 자리를 넘겨받을 기기는 AR 글래스가 되고, AR 글래스를 보조하는 장비로 스마트폰, VR/AR 겸용 기기 등이 존재하리라 본다. 이와 함께 랩톱, 데스크톱 컴퓨터의 사용 빈도는 지금보다 낮아지리라 예상한다. 이러한 예상을 이상하다고 여긴다면, 과거에는 데스크톱 컴퓨터를 주로 쓰다가 오늘날은 하루 중 대부분 시간 동안

출처: Hopfacker

주로 스마트폰을 쓰고 보조로 랩톱, 태블릿을 활용하는 형태로 디지털 환경이 변화된 과정을 돌이켜보면 좋겠다. 이를 위해 메타는 VR을 쓰면 대형 모니터를 눈앞에 띄워주는 등의 시도를 하고 있다. 애플도 같은 기술을 시도하고 있다. 물론 1세대 장비의 기술은 부족하겠지만, 빠른 속도로 2, 3세대를 만들게 되면 나중엔 맥북 13, 14, 15인치를 13인치 단일 모델로, 또 어떤 것은 디스플레이 없는 맥북으로 출시할지도 모른다. AR글래스나 VR/AR 겸용기기를 쓰고 있으면 30인치 모니터 세 개가 나오게끔 디지털 접근 환경과 사용자 경험을 바꾸는 쪽으로 기술 혁신을 시도하는 것이다.

이런 기술은 우리 삶에 엄청난 변화를 가져올 것이다. 일례로 지금은 우리 아이들이 작은 스마트폰 화면을 가지고 제페토 속 아바타를 움직이고 친구를 만나는 모습이 여전히 불편하고 어색하게 느껴진다. 그러나 AR 글래스나 VR/AR 겸용 기기가 보편화되면, 회의나 공부를 하려고 만나는 메타버스 속 상대방 아바타가 내 방 테이블의 맞은편에 앉아 있는 것처럼 느껴질 것이다. 진정으로 공간과 거리의 한계를 초월하는 순간이다.

퀵커머스를 잇는
리커머스의 부상

온라인 플랫폼 시장 전망을 봤을 때, 전반적으로 유통 플랫폼이 지금보다 다각화될 것이다. 한두 시간 안에 배송이 되는 퀵커머스quick-commerse가 있었고, 그 뒤를 리커머스re-commerse가 이었다. 앞으로도 리커머스 시장이 커질 수밖에 없는 이유는 경기가 나쁜 와중에도 사람들은 계속 새로운 걸 원하기 때문이다.

우리에게 가장 유명한 리커머스로는 당근마켓이 있는데, 이 중고 시장도 굉장히 분화되고 있는 상황이다. 당근마켓은 종류를 막론하고 모든 물건을 팔지만 마니악Maniac한 장르를 위한 시장의 필요성도 점차 대두될 것이다.

또 예전에는 부모님 세대가 디지털 기기를 능숙하게 다룰 수 없었기에 온라인 중고거래를 하고 싶어도 할 수 없었지만, 지금은 부모님 세대도 어느 정도 디지털 기기를 잘 다룰 수 있기 때문에 원하는 물건을 사고팔면서 리커머스 시장이 연령대를 불문하고 더 커질 가능성이 있다. 플랫폼 분야에서는 퀵커머스와 리커머스 시장을 비롯해 2023년에는 메타커머스meta-commerse의 존재가 조금씩 드러날 것이다.

리커머스는 단순한 근로 소득자가 재테크로 성공할 가능성이 높은 온라인 플랫폼이다. 당장 경기 회복이 안 되고 금리도 올라가는 상황에, 사람들이 헛헛한 마음을 과거에 대한 향수와 자기만의 즐길 거리로 채우게 되고 그러면 결국 개인 간 중고거래가 더 증가하게 될 것이다.

당근마켓에서는 일상의 물건들을 중고로 거래하고 있지만 그보다 귀한 LP, 오래된 전쟁용품, 피규어 등 조금 더 나만의 전문적인, 내 취미를 위한 거래 플랫폼들이 증가할 것이다. 개인이 거래 플랫폼을 만드는 건 힘들지만 기존 플랫폼을 잘 활용한다면 매우 유용할 것이다.

예를 들어, 밀리터리 덕후들이 모인 네이버 카페가 있다고 하자. 그 안에서는 음성이나 영상을 활용한 적극적인 소통 환경이 마련되어 있지는 않지만, 이 카페를 원천으로 하되 여기에 유튜브나 디스코드Discord(음성, 채팅, 화상통화를 지원하는 메신저 프로그램)를 붙여서 플랫폼을 더 풍부하게 활용할 수 있다. 이처럼 다양한 플랫폼을 활용해서 온라인에서 취향이 맞는 사람들끼리 적극적으로 놀아보자는 문화가 좀 더 강해질 것이다.

현대자동차도 올해 많은 잡음을 안고 중고차 시장에 뛰어들었다. 대기업이 군침을 흘릴 정도로 중고거래 시장의 규모는 커지고 있다. 그러나 대기업이 밀리터리 덕후, 낚시 매니아 등 각각의 버티컬 중고거래 시장에 모두 손을 대기에는 개별 시장의 규모가 그리 크지 않다는 문제가 있다. 이것은 오히려 개인들이 적절히 진입하기 좋은 상황이다.

여기서 핵심은 본인이 '좋아하는 분야'여야 한다는 점이다. 무언가를 갑자기 공부해서 들어가는 건 부담스러울 것이니, 원래 좋아하고 잘 아는 분야의 리커머스 시장에 관심을 가지면 충분히 활용할 수 있을 것이다.

또 개인이 시도해볼 수 있는 좋은 방법으로, 자기만의 확실한 콘텐츠로 유튜브 채널을 만들어볼 수 있다. 소수가 좋아하더라도 일단 그 사람들을 온라인 카페로 모아 단톡방을 만들고 오프라인 모임으로 이어가면서 무언가를 판매할 기회를 만들 수 있다. 반드시 많은 영상을 올리고 매일같이 관리하지 않더라도, 구독자가 별로 없어서 광고 수익이 나지 않더라도 그 커뮤니티를 충분히 여러 방면으로 활용할 수 있다. 직접 쓴 한정판 책을 팔거나, 오프라인으로 프라이빗 강연을 진행한다면 바로 수익구조로 연결시킬 수도 있다. 본인의 경험을 바탕으로 한 리커머스가 형성될 수 있는 것이다.

이처럼 리커머스 시장의 특성은 관심 분야가 매우 세분화되어 있으며, 집단 구성원 간의 동료의식이 높다는 점이다. 따라서 눈에 보이는 물건이 아니더라도, 내가 가진 콘텐츠에 특화된 동료들을 찾아낸다면 리커머스 구조로 충분히 유통할 수 있다.

로봇이 세금 내는
사회

테크 기업의 상황이 녹록지 않은 상황에서도 사람들의 디지털 의존도는 높아질 것이다. 왜냐하면 디지털을 활용하면 결국 사회적 비용을 전반적으로 줄일 수 있기 때문이다. 글로벌한 관점으로 보자면 디지털 의존도 방면에서 메타버스, 초고속망, 클라우드의 세 가지가 각광을 받을 것이다.

올해 스페인에서는 독특한 캠페인이 열렸다. 60대 이상의 어르신들이 주도하여 '나는 늙은 바보가 아니다'라는 사회운동을 한 것이다. 이제 스페인의 경우도 국내처럼 증권사와 은행이 모두 디지

털화되면서 이용이 너무 힘들어지니까 노년층이 모여 데모를 한 것이다.

이 데모로 스페인 정권이 중재안을 내세웠는데, 고령층들이 사용할 수 있도록 객장 수를 적절히 유지하면 세금을 깎아주겠다고 했다. 그렇지만 그런 와중에도 디지털화는 계속해서 진행되고 있다. 이런 식으로 디지털 의존도가 높아짐에 따라 사회적인 비용을 낮추고자 하는 시도는 계속될 것이다.

일자리에서 수요와 공급의 불균형이 계속됨에 따라 테크를 활용

출처: The Japan Times

하여 해결책을 찾는 노력 또한 계속된다. 그래서 2023년부터는 인간의 일을 대체하기 위한 인공지능과 로봇의 활용이 눈에 띄게 많아질 것이다. 이에 따라 인간은 기본소득, 다르게 표현하자면 로봇세를 얻을 수 있다.

이미 많은 선진국들이 조심스럽게 기본소득 문제를 논의하고 있다. 인공지능이나 로봇이 일자리에 투입되게 되면, 그것에 세금을 매겨서 얻어지는 재원을 국민들에게 나눠준다는 논리다. 지금 생각하면 굉장히 SF적인 발상이지만, 실제로 많은 국가들이 논의하고 있는 문제이다.

기존에 기업이 사람 1,000명을 고용해서 자동차를 만들어왔는데 앞으로 사람은 100명만 고용하고 로봇에게 900명분의 일을 맡긴다면, 로봇을 구매하는 만큼 '로봇세'를 부여해야 한다는 주장이다. 여기서 나온 자원으로 일자리를 잃은 900명에게 기본 소득을 주겠다는 것이다.

　이런 식으로 로봇과 인공지능 프로그램이 주 생산자가 된다면 인간은 소비하는 존재가 될 것이다. 시장이 없으면 생산을 할 수 없으니 인간은 그냥 놀면서 먹고 사는 소비자로 전락하게 되는 걸까? 인간이 생산을 하지 않고 소비만 한다면, 그 끝엔 뭐가 있을까?

　그래서 스웨덴에서는 다음과 같은 사회적 실험을 하고 있다. 2026년에 완공되는 스웨덴 남서부 도시 구텐베르크 코슈배겐 역을 만드는 데 직원을 한 명 채용해서 그 직원에게 1년에 대략 3,000만 원 정도의 급여를 준다. 그런데 이 직원이 하루에 하는 일은 아침에 출근하는 것이 전부이다. 출퇴근 시에 승강장의 형광등 버튼만 누르면 된다. 이렇게 평생 일하는 사람을 뽑았는데, 이렇게 특별한 일을 하지 않고 월급을 받으면 어떤 반응이 나올 것인가 하는 사회적인 실험이 시작된 것이다. 아직 결과는 지켜봐야 하지만, 이런 실험을 하게 됐다는 말은 그만큼 일자리 대체가 빠른 속도로 발생할 것이라는 사실을 인지했기 때문이다.

이런 논의가 2023년에 좀 더 커질 것으로 내다보는 이유는, 우리나라도 올해 특히 언론에서 중소기업이나 일용직은 구인난에 시달리고 있고, 막상 젊은 층은 구직난에 시달리고 있다는 뉴스가 많이 나왔기 때문이다. 이러한 일자리 불균형이 나아질 기미가 없기에 결국 이를 대체하기 위한 투자가 많이 발생할 것으로 예상된다. 결국 기계가 하지 못하는 것들을 할 수 있는 사람만이 가치를 인정받는 상황이 발생하고 이런 문제는 어쩔 수 없이 더 심화될 것이다.

정책 관련 분야에 있는 사람들은 "기계가 못하는 게 뭐냐"고 묻는다. 그런데 여기에 완벽한 답을 내놓을 수 없는 이유는 현실적으로 우리가 기계가 하지 못하는 영역으로 가장 많이 이야기했던 창조적 영역까지도 로봇이 해내고 있기 때문이다.

실제로 얼마 전에는 AI가 그림을 그려내어 엄청난 충격을 주었다. 2021년에는 인공지능 프로그램이 음악을 만들었다면 2022년에는 미드저니나 스테이블 디퓨전처럼 그림을 그려주는 AI가 등장해서 우리를 놀라게 했다. 사람이 텍스트를 입력하여 넣으면 그림으로 그려주는 '텍스트 투 이미지'라는 용어까지 생겼다. 이 기술로 뮤직비디오를 만들기도 하고 어느 인디게임 회사는 게임도 만들었다. 게임에 들어가는 원화를 일러스트레이터를 고용하지 않고 AI로만 완성한 것이다.

2022년 8월 미국 콜로라도 주립 박람회에서 주최한 미술대회에서 '스페이스 오페라 극장'이란 작품이 1위를 차지했다. 수상자인 제이슨 엘런은 직접 그림을 그리지 않고, AI로 그림을 그려주는 미드저니를 활용해 생성한 그림을 출품했다. 실제로 약관에 문제가 없어 상금까지 받아갔다고 한다. 이러한 현상을 지켜보면 창의력과 창조력도 인간만의 영역이 아니라는 결론이 나온다.

우리나라에서도 이 문제가 수면 위로 떠오르기 시작했는데, 2023년에는 이에 대한 지적이 많이 발생할 것이고 2024년 정도부터는 인간과 기계의 역할을 나누고, 작업물에 관한 소유권을 분류하며, 여기서 발생하는 금전적 이득을 사회적으로 관리하는 방법에 관한 논의가 활발해지리라 예상한다.

기계가 못하는 일을 찾아서 인간이 하는 게 아니라, 인간의 고유

가치를 지키기 위해서 인간이 무슨 일을 해야 할지 고민하게 될 것이기 때문이다. 장기적으로는 기계한테 넘기면 안 될 일에 대한 원론적인 질문이 시작될 것이다.

그러한 영역 중의 하나가 글쓰기다. 예를 들어 올해 카카오에서 '시아SIA'라고 하는 인공지능 시인이 《시를 쓰는 이유》라는 책을 냈다. 실제 시집을 읽어보면 엉뚱한 글도 있지만 어떤 글은 굉장히 그럴듯하다. 실제 국문학 전공자가 쓴 시 같다고 느껴지기도 한다. 그런데 이런 작품의 문제는 글쓴이의 의도가 담겨있지 않다는 점이다. 문장에 창작자만의 의도가 있어야 한다는 의견과 창작자의 의도보다 독자가 어떻게 소화시키냐가 더 중요하다는 의견이 부딪히기도 했다.

여기서 정말 중요한 것은 어느 쪽이 정답이냐가 아니라, 이런 논의를 통해서 우리가 기계한테 빼앗기지 않았으면 하는 일을 사회적으로 합의를 봐야 한다는 점이다. 그런 합의를 하기에 2023년은 다소 급박한 시기라고 본다.

지는 태양,
유튜브

현재 세계 최대 동영상 플랫폼인 유튜브는 앞으로 어떤 행보를 이어갈까? 큰 틀에서 스트리밍 시장만 놓고 보면, 라이브 스트리밍 분야에서는 이미 트위치가 유튜브를 넘어섰다. 트위치가 인기를 얻는 이유는, 게임에 대한 친화력이 높은 디지털 네이티브 세대를 안고 들어온 것이기 때문이다.

이에 반해 유튜브는 세대가 섞여 있다. 실제로 중년 이상의 세대에서는 유튜브는 봐도 트위치는 보지 않는다. 그런데 청년들은 유튜브도 보지만 트위치도 많이 본다. 이 현상이 플랫폼의 성향을 바꿀 것이다. 유튜브도 넷플릭스처럼 자체 콘텐츠를 만들겠다고 선언했는데, 이는 결국 자발적인 생태계만으로는 한계가 있다고 인정한 셈이다. 그리고 기존 유튜버도 점점 '방송적'인 콘텐츠를 만들려고 하는 경향이 두드러진다. 여기서도 다들 한계를 느끼고 있다는 걸 엿볼 수 있다.

개인이 참여하는 채널은 앞으로도 증가하겠지만, 영상 플랫폼의 영광을 유튜브가 독식하기는 점점 더 어려워질 것으로 보인다. 만약 유튜브가 1인자 자리를 계속 유지하고 싶다면 무언가 새로운 판을 짜야 할 것이다.

그 이유는 소비자 시장이 계속 변하는 반면 변화된 취향을 맞춰주기에는 플랫폼 자체가 너무 오랫동안 정체되어 왔기 때문이다. 디지털과 관련된 대중의 경험이 2021년, 2022년에 굉장히 늘어났고, 그에 따라 대중의 눈높이는 다양해지며, 동시에 높아졌다. 이러한 상황을 2023년에 반영하지 않는다면 새로운 것에 열광하는 소비자들의 니즈에서 점차 멀어질 것이다.

실제로 유튜브 광고 수익이 이미 더뎌진 결과가 있고 그런 것들로 미루어보아 유튜브의 미래는 불확실하다. 구글은 이미 2022년

3분기에 예상을 밑도는 매출을 기록했다. 유튜브 광고 매출은 전년 동기 대비 2% 감소하였다.

  그럼 개인이 유튜브를 자기 채널 마케팅에 활용하는 방식 외에 다른 재테크 방법으로 활용할 수는 없을까? 메타버스와 연결해보면, 큰 기업들은 스스로 메타버스 플랫폼을 만들거나 남의 플랫폼에서 대형으로 공간을 멋있게 만들어 쓰고 있는 한편, 중소기업이나 소상공인들은 여러 여건상 실행할 수 없기에 고민이 많다. 이런 점을 활용하여 2D 형식의 동영상 채널인 유튜브에서 또 다른 공간 경험을 할 수 있는 콘텐츠들을 만들어봐도 재미있을 것 같다.

  예를 들어, 삼성의 경우 최근 스페이스 타이쿤이라는 메타버스를 론칭했다. 디자인에 공을 들인 가상공간을 선보여 그 안에서 삼성전자의 다양한 제품들을 체험할 수 있게 만든 것이다. 게임 플랫폼 로블록스에 삼성 제품을 숨겨 보물찾기도 하고, 물건을 만들 수 있는 아이들 놀이터를 크게 만들어서 굉장히 인기를 얻고 있다. 이런 규모의 메타버스는 동네의 소규모 가전 대리점이 할 수 없지만 각 기업의 공간 자체를 동영상으로 잘 만들어서 마치 라이브 커머스처럼 고객에게 영상으로 소개하는 방식으로 시도해볼 수 있다.

사람들은 공간 경험에 대한 욕구가 증가하고 있는데, 아직 모든 것들을 3D 메타버스로 할 수는 없기 때문에 이런 부분을 유튜브 채널에서 활용해보는 접근도 의미가 있다. 또 '유튜브를 통해서 내가 남의 것을 배운다'고 생각하는데 뒤집어 생각해보면 개개인이 N잡을 갖는 시대다 보니 타인의 채널에 가서 '유튜브를 통해 내 일을 내가 알린다'고도 볼 수 있다.

이처럼 많은 사람들이 이미 알고 있는 기술적 경험과 지식이 워낙 많다 보니, 유튜브를 개인을 위한 광고 채널로 활용하는 수요가 계속해서 늘고 있다. 자신의 콘텐츠를 직접 올리기 위한 채널이 아니라, 개인 홍보 수단의 의미로서의 접근도 증가할 전망이다.

페이스북, 인스타그램, 유튜브, 틱톡 등 SNS를 전혀 하지 않던 사람이 돈을 더 벌기 위해서 유튜브에 진입한다면 어떨까? 스스로 홍보를 위해서 SNS 활동을 하는 건 좋은 시도다. 콘텐츠의 특색만 있으면 충분히 지금도 진입해도 된다고 본다. 물론 남이 이미 했던 게 아닌 새로운 수요를 잡아낸 콘텐츠여야 하기 때문에 제한적이고 어려울 수 있지만, 분명히 기존에 없던 특색을 갖고 들어가면 앞으로도 성공 가능성이 있다.

Web 1.0	Web 2.0	Web 3.0
☑ PC 기반	☑ 모바일 기반	☑ 모바일/실감기기 기반
☑ 산발적	☑ 집중화/폐쇄적	☑ 탈중앙화/개방형 공동체
☑ 포탈	☑ 플랫폼/클라우드	☑ 메타버스/블록체인/AI
☑ 배너 광고	☑ 광고/공유/구독 경제	☑ 토큰 이코노미
☑ 콘텐츠 소비자	☑ 콘텐츠 생산자	☑ 콘텐츠 소유자

그러나 궁극적으로 유튜브도 점차 메타버스에 가까워질수록 대안이 마련될 것이다. 시장이 많이 바뀐다고 해도 플랫폼을 일순간에 닫아버리지는 않겠지만, 유튜브가 통째로 없어지지 않고 스스로 시장에서 생존하기를 원한다면 추가적인 기능 개선을 통해 기술을 확장할 필요성이 있다. 유튜브는 본질적으로 웹 2.0시대의 플랫폼이기 때문에 웹 3.0시대의 정신에 맞게끔 반드시 변화가 필요하며 변할 것이다. 다양한 기기를 통해 탈중앙화된 형태로 토큰 이코노미에 기반해서 유저들을 콘텐츠 소유자로 인정해주는 웹 3.0의 사고방식을 수용하고 변화하지 않는다면 메타버스 플랫폼에 사용자를 상당수 빼앗길 것이다.

암호 화폐의
미래

2022말까지도 NFT와 암호 화폐는 굉장한 이슈였다. 기존에 없던 것이 새롭게 등장했고 시장 유동성이 너무 많이 풀린 탓에 거품이 생겼다고 보는 사람도 많았다. 그러나 전문가들은 미래에 언젠가 반드시 일어나야만 했던 것들이 시장에 한 번에 많이 풀리다 보니 미래 가치가 선반영되었다고 평가한다.

어찌되었든 현재 유동성이 축소되고 있는 상황에서는 당분간 별로 시장이 좋지 않으리라 예측된다. 그렇다면 언제부터 NFT, 암호 화폐 시장이 다시 좋아질 수 있을까? 암호 화폐를 중심으로 살펴보자.

화폐 본연의 가치를 인정받는 것이 무엇보다 중요하다. 암호 화폐의 경우 가격이 등락한다고 하지만 이 등락의 문제점은 암호 화폐를 이용해 구매할 수 있는 물건이 별로 없다는 데 있다. 분명히 화폐인데, 그 화폐를 쓰는 곳은 없고 화폐끼리만 거래되는 것이 가장 큰 문제다.

작년에 암호 화폐의 가치가 반짝 올라갔던 상황 중 하나가, 미국 테슬라에서 자동차를 결제할 때 암호 화폐 거래를 도입하겠다고 했기 때문이었다. 이처럼 전체 거래 금액의 총액이 어마어마하게 큰 거래 매개체가 있으면 암호 화폐가 시장에서 신뢰성을 확보하는 데 도움이 될 수 있다.

2023년부터는 암호 화폐가 거래의 실질적 매개체가 되는 경우가 조금씩 증가할 것이다. 많은 국가들이 CBDCCentral Bank Digital Currency(중앙은행 디지털 화폐) 발행을 준비하고 있는 상황을 그 근거 중 하나로 들 수 있다. 중앙정부에서 CBDC를 추진한다고 해도 특정 국가에서 사용되는 암호 화폐를 전부 대체할 수는 없다. 그렇게 하고 싶어도 이미 민간에서 발행한 화폐 양이 너무 많기 때문이다.

중앙정부의 디지털 화폐로만 경제 흐름을 만들어내고자 한다면, 어떻게든 민간의 발행량을 치환해주거나 소각해야 하는데 둘 다 쉽지는 않기에 결국 두 화폐를 모두 안고 갈 것이다.

만약 유럽이 유로를 발행했던 것처럼 유럽 국가들끼리 연합해서 디지털 화폐를 발행하고, 민간 암호 화폐들을 다 없애버리겠다고 해도, 현재 유럽 전역에 유통되고 있는 암호 화폐가 적은 양이 아니기 때문에 그렇게 추진하기는 불가능하다. 유럽에서 암호 화폐를 보유하고 있던 사람들 입장에서는 암호 화폐의 가격이 폭락할 테니 반정부 정서가 커질 것이다.

대부분 국가에서 중앙정부는 그동안 암호 화폐 시장에 적극적으로 개입하지 않았다. 그 사이 민간에서 유통되는 전체 암호 화폐의 종류와 총량은 무시할 수 없는 수준으로 커진 상황이다. 결국, 중앙정부 입장에서는 CBDC와 민간 암호 화폐의 공생을 택할 것이다.

그리고 한 국가에서 CBDC가 통용되는 순간 지금 스테이블 코인(달러나 유로 같은 명목 화폐의 가치를 모방하도록 설계된 디지털 자산)이 있는 것처럼 민간에서 발행한 코인들과 어느 정도 연계해서 가치가 형성될 것이다. 그 시점이 되면 국가 내부 경제 흐름에서 CBDC를 바탕으로 디지털 화폐의 사용빈도, 규모가 점점 더 증가할 것이다. 지금은 암호 화폐 가치의 등락이 심하지만 그 시점부터는 가치의 등락폭이 훨씬 더 적어지리라 예상한다.

그렇다면, 현재 시장에서 유통되는 여러 암호 화폐들 중에서 무엇이 살아남을까? 시가총액이 가장 큰 암호 화폐인 비트코인, 이더리움 정도는 계속 갈 텐데, 살아남는 나머지는 어떤 것이 될까? 비트코인이나 이더리움은 시장에 많이 풀렸다는 점도 중요하지만 메인넷(암호 화폐를 출시하고 운영하는 네트워크)을 보유하고 있다는 점도 중요하다. 우리가 편의상 코인으로 부르는 것 중 상당수가 토큰이다. 토큰은 메인넷이 없다. 메인넷은 암호 화폐 시스템을 지탱하는 인프라인 동시에 담보 역할도 하고 있는 셈이다. 이미 많은 투자를 집행했기에 쉽게 사업을 철수하거나, 기반이 무너질 가능성이 상대적으로 낮다는 의미이다.

그러나 메인넷이 없는 경우를 보면, 쉽게 토큰만 발행해서 불특정 다수에게 판매하고, 토큰의 실질적 가치를 제대로 만들지 못한 채 무너질 가능성도 있음에 유의해야 한다. 기존 메인넷을 통해 새로운 암호 화폐를 발행하는 과정은 생각보다 단순하다. 인터넷, 유튜브 등을 통해 정보를 검색해서 빠르면 10분 만에 새로운 암호 화폐를 만들 수도 있다.

이런 이유들 때문에 '백서'를 꼼꼼히 살펴봐야 한다. 백서는 NFT를 활용한 디지털 재화 또는 암호 화폐를 발행하는 주체가 투자자, 구매자들에게 공개하는 계획서이다. 발행 주체가 누구이고, 발행한 디지털 재화나 암호 화폐를 바탕으로 향후 어떤 일을 추진할 것이며, 경제 시스템은 어떻게 이루어질 것인가를 소개하는 자료이다.

앞으로도 더 다양한 암호 화폐가 시장에 등장하리라 예상한다. 그러나 CBDC의 활성화와 함께 실물 거래에 암호 화폐가 적용되는 상황이 증가하면서, 오히려 시장에서 인정받고 통용되는 암호 화폐의 가짓수는 줄어드리라 전망한다.

일단 비트코인, 이더리움과 같이 거대한 메인넷과 투자자 기반을 가진 암호 화폐의 가치는 유지되리라 기대한다. 다만 백서에서 공개했던 프로젝트의 가치를 실현하지 못할 다수의 암호 화폐들의 미래는 불투명할 것으로 전망한다. 투자 수단에서 거래 수단으로 안착되면서 자연스럽게 시장은 정리될 것이다.

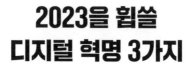

2023을 휩쓸 디지털 혁명 3가지

1. 메타버스 혁명

역사적으로 인류에게는 1차 농업혁명, 2차 산업혁명, 3차 디지털 혁명이 있었다. 디지털 혁명도 세 가지로 분류하면 인터넷과 컴퓨터 혁명, 모바일 스마트 혁명, 그리고 메타버스 혁명으로 나눌 수 있다. 2023년이면 실제로 애플과 삼성에서 신형기기가 출시될 것이고 국내 대기업과 게임 회사에서도 메타버스와 연계시킨 플랫폼들이 쏟아져 나와서 그중에 시장에서 살아남는 것들이 가려지리라 본다. 관련 법제 정비가 시작되고 메타버스를 게임 관련법에서 분리하는 시도도 있을 전망이다.

이런 상황에서 여러 메타버스 플랫폼에 암호 화폐가 연동되면서, 암호 화폐가 화폐 본연의 가치를 찾아가는 흐름이 생길 것이다. 국내외 대기업들은 게임 회사가 아님에도 이미 암호 화폐 발행에 대한 욕심을 내비쳤다.

암호 화폐 발행 자체가 어려운 일이 아니기 때문에 자체 암호 화폐를 만드는 곳이 많이 생길 것이고, 일부 기업에서는 사용량이 큰 다른 암호 화폐와 연동하는 방식도 고려할 수 있다. 기업에서 발행한 암호 화폐의 유통량이 증가하고, 사용처가 다양해질수록 해당 기업은 보유 자산이 증가하고, 막대한 유동성을 가지게 되는 셈이다.

이런 디지털 혁명에 대해서 투자자 관점으로도 봐야겠지만 과연 장점만 있는지도 반드시 살펴야 한다. 농업혁명이나 산업혁명이 과연 인류에게 좋았냐고 묻는다면 꼭 좋은 점만 있는 것은 아니었기 때문이다. 농업혁명 이후 인구가 증가하고 굶어 죽는 사람은 없어졌지만, 여러 집단이 모여 살다 보니 계급이 생기고 전염병도 많이 증가했다. 산업혁명을 통해 GDP가 급증한 국가들도 적지 않으나, 글로벌 측면에서 보면 국가 간 부의 불균형, 사회의 양극화는 더 커지고 말았다. 디지털 혁명도 장점만 있는 것은 아니다.

그렇다면 사회적으로 이 혁명의 이면에 어떤 부작용이 있을지를 미리 고려하여 법적으로 안전장치를 최대한 만들어놓고, 이에 대비하기 위한 사회적 합의를 이끌어내야 한다는 점을 강조하고 싶다.

2. 전기차와 모빌리티

2023년에도 물리적 이동의 인프라 측면에서 핵심이 될 전기차를 빼놓을 수 없다. 2035년 이후로는 더 이상 기름 먹는 차를 생산하지 않는 것에 대부분의 국가가 동의했다. 가장 변화가 더딘 미국에서도 2022년 캘리포니아주의 전기차 판매량이 증가했다. 환경에 큰 관심을 두지 않던 중국도 결국 흐름에 따라올 것이다.

여기서 우리가 주목해야 할 포인트는 기술적 문제다. 특히 배터리에 집중해야 한다. 전기차의 핵심 배터리 기술 중에 리튬 메탈 배터리가 아직까지는 안정성이 떨어지지만 효율성이 굉장히 높다.

효율을 유지하면서 안정성을 해결하는 기술을 만드는 기업의 가치가 2023년부터 시장에서 주목받을 것이다.

배터리 기술이 발전하면 단시간에 빠르게 충전이 되면서 주행 가능 거리도 훨씬 더 길어질 것이다. 배터리는 덩치가 크니, 그 안에 어떻게 더욱 밀도 있게 에너지를 적취하느냐가 중요하다. 배터리를 더 많이 장착할 수는 없으니 같은 용량에 더 많은 전기를 넣는 에너지 밀도가 가장 핵심 기술이 될 것이다. 그러다 보니까 전기차 화재 이슈도 더러 생긴다. 이런 문제를 해결하는 기술을 연구하고 안정화시켜서 위험을 줄여갈 것이다. **현재 기술상으로는 전기차와 관련된 물리적 이동에 대한 인프라 문제가 중요한 이슈로 떠오를 것이다.**

추가적으로, 전기차의 보편화와 발맞추어 자율 주행 기능이 개선되면서, 차량을 바라보는 시각이 이동 수단에서 플랫폼으로 전환될 것이다. A라는 자동차 기업이 있다고 가정하자. 그 기업은 전 세계에서 300만 대의 자율주행차를 판매했다. 각 자동차의 하루 평균 운행시간은 1.5시간이다. 그렇다면 A기업은 매일 450만 시간(300만 대×1.5시간) 동안 고객과 일대일로 소통하는 시간을 확보하는 셈이다. 차량 구매 내역과 이동 패턴을 분석하면 A기업은 개별 운전자의 특성을 깊게 파악할 수 있다. 그렇게 파악한 특성에 맞추어 교육, 쇼핑 등을 제공한다면, A기업의 본질은 모빌리티(이동)가 아닌, 교육이나 커머스(유통) 플랫폼 쪽으로 서서히 이동할 것이다.

3. 클라우드와 5G

디지털 전환의 인프라 문제는 결국 클라우드와 5G 문제와도 연결된다. 클라우드와 5G는 글로벌한 이슈가 될 것이다. 현재 구독 서비스 시장이나 대부분의 스트리밍 OTT 서비스가 국가별로 분리되어 있지 않고 글로벌하게 제공되고 있다.

2020년부터 코로나 바이러스 유행한 이후로 디지털 콘텐츠 시장이 급속하게 커지고 나라 간, 대륙 간의 콘텐츠 벽이 쉽게 허물어졌기 때문이기도 하다. 이런 시장이 글로벌한 규모로 성장하고 있기에 디즈니, 애플 등 해외 대기업에서도 자체 콘텐츠 채널을 열기 시작했다.

디지털 전환의 인프라를 생각했을 때, 메타버스를 제외하고서도 통신과 클라우드의 수요는 전 세계적으로 계속해서 증가할 전망이다. 그러니 클라우드와 5G를 주목할 만한 테크 포인트에서 절대 빼놓을 수 없다. 다만 2023년 상반기까지는 금리 인상으로 인해서 기업들이 IT 인프라 투자에 보수적인 입장을 취할 것이기에 투자가 살아나는 시점을 잘 관찰해야 한다.

6장

인구 감소의 파도에서 돈이 보인다

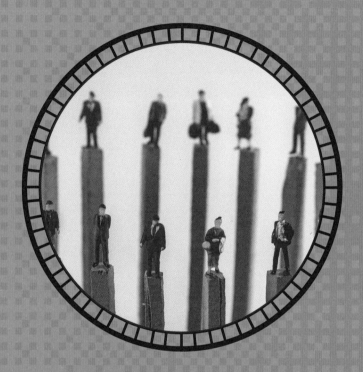

POPULATION DOWNSLIDE

인구 감소가 불러올
3가지 파도

한국사회의 인구가 감소되면서 생기는 첫 번째 이슈는 아마 정년 연장일 것이다. 정년 연장은 정부가 유도하고 기업이 실행해야 하는 의제다. 정부는 기업이 실제로 정년 연장을 할 수 있도록 인센티브와 패널티를 적절히 활용해 정책적인 조정을 할 것이다.

한국사회의 제반 구조는 세대부조형으로 만들어져 있기 때문에 결국 공동체 유지를 위해서는 정년 연장을 하지 않을 수 없다.

간단히 인구 문제의 제반 구조를 분모와 분자로 설명해보자. 우리는 그간 분모가 많이 공급되면서 분자를 먹여 살리는 구조를 유

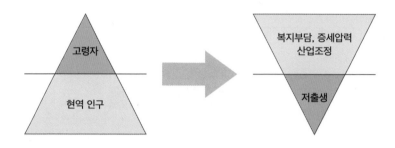

지해왔다. 즉 이상적인 제반 구조로 분모의 확장 공급을 통해 복지와 조세, 산업 정책 등을 설계·운영해왔다. 현역 인구가 열심히 일해 분자인 피부양 인구를 먹여 살리는 구조였다. 세대부조형의 복지가 취약 계층인 국민을 지지하고, 조세 정책도 그에 맞춰 적용됐다. 세금을 거둬들이는 기반인 각종의 산업 정책도 세대 부조를 전제로 아래에서 국민을 떠받쳐주는 구조였다.

그런데 지금은 이 구조가 거꾸로 뒤바뀌었다. 이런 상황에서는 복지나 조세 정책, 산업 정책 모두 유지되기가 어렵다. 분모인 현역 인구의 감소와 맞물린 갹출 비용만으로는 그간의 부양구조를 떠받치기 힘들어진 것이다. 그렇다면 지금 상황에서 취할 수 있는 방법은 사실상 하나뿐이다. 이렇게 역삼각형 구조에서 버티기 힘들수록 복지 혜택을 덜 받고, 더 많은 세금을 내는 것이다.

이런 상황에서는 묘수가 없다. 그런데도 우리는 묘책을 찾으며 시간을 흘려보내고 있다. 오랜 시간 동안 정부가 여러 번 교체되었지만 해결되지 않고 문제가 이어져온 것이다. 여기서 우리가 정말로 할 수 있는 게 없는가를 다시 한 번 생각해봐야 한다.

지금 문제는 제반 구조를 상징하는 삼각형이 역전되었다는 것인데, 문제가 더욱 심각해지기 전에 지금이라도 개혁을 위한 조정에 돌입해야 한다. **가장 확실한 방식 중 하나는 윗세대가 돈을 더 벌 수 있게 만드는 정년 연장을 도입하는 것이다.**

조금이라도 시간을 벌자는 차원에서 기존의 법적 정년이던 60세를 상향하는 것이다. 이미 65세부터 공적 연금이 지급될 예정이며, 2033년에는 65세로 완전히 재편된다. 그러면 5년 동안 시간이 비는 사람들이 생긴다. 그들은 정년이 끝났는데 연금을 못 받는 일이 생길 수도 있다. 결국에는 "연금을 일찍 줄 수는 없으니 5년간 더 근무해달라"고 할 수밖에 없는 것이다.

정부에서는 정년 연장을 위해 지원금 및 각종 혜택을 통해 추진하려 할 것이고, 그에 따라 청년의 반발이나 일자리 경합 문제가 생길 수도 있다. 하지만 정년 연장이 현행 단계에서는 가장 손쉽게 위의 문제를 해결할 수 있는 방법인 것도 고려할 필요가 있다.

다른 두 번째 방법은 바로 증세다. 부담스럽지만 증세도 결국 똑같은 제반 구조 때문에 강행할 수밖에 없다. 현행 구조를 최대한 유지하자면 분모에 해당하는 현역 인구가 세금을 더 내는 수뿐이다. 골치 아픈 이슈라 미루고 싶겠지만, 더는 물러설 곳이 없는 정부도 점점 증세를 위한 군불을 때고 있다. 초고령 사회가 임박할수록 증세는 필수인데, 증세를 하면 민심을 잃는다는 역설적 딜레마도 피할 수 없는 상황이다.

물론 당연히 정부에서는 조세 저항이 큰 항목은 손대고 싶지 않을 것이고, 그러니 법인세의 정상화나 간접세를 건드릴 확률이 높다. 실효세율과 명목세율의 벌어진 차이를 줄이거나, 법인세보다는 저항이 크지만 효과가 있는 간접세를 높이는 방식일 것이다. 이렇게라도 하지 않으면 국민의 세금으로 돌아가는 제반 구조는 오래 버틸 수 없다.

그럼에도 결국 소득세까지 올리는 상황도 펼쳐질 것이다. 소득세의 경우 국민의 조세 저항이 심할 텐데, 그만큼 적당한 묘책이 없기 때문이다. 최대한 소득 구간을 쪼개서 저항을 낮추겠지만, 그렇게 할 경우 그 다음 세대에 부담을 전가하는 것은 변함이 없다.

또 하나 그나마 저항이 적은 부분은 소비세일 것이다. 우리나라의 소비세는 10%로, 선진국과 비교해도 높은 수준은 아니기 때문이다. 특별 소비세와 같이 사치재에 부여하는 세금 부담을 늘릴 수도 있다.

예를 들어 일반적으로 먹는 컵라면은 소비세를 가장 늦게 올릴 것이고, 아이폰처럼 사치재에 가까운 제품은 20%까지 높일 수도 있다. 이와 같은 차등 방식으로 '간접세'라고 표현하는 소비세도 점차 올라갈 전망이다.

또한 사회 보험이라고 하는 다섯 가지 사회보장제도의 보험료도 인상될 것이다. 국민연금, 건강보험, 장기요양 등의 보험료가 급격하게 높아질 것이란 시나리오다. 5대 사회보험이란 국민연금, 산업재해보상보험, 국민건강보험, 고용보험, 노인장기요양보험을 뜻하는데, 이 다섯 가지의 보험료가 다 올라가는 것은 기정사실이다. 이중 유일하게 흑자를 내고 있는 국민연금을 제외하면 4개 보험은 이미 적자로 돌아섰다. 적자 상태라면 당연히 보험료를 더 거둬들이고 수급하는 사람에게 적게 돌려주는 방향으로 갈 수밖에 없다. 그렇다 보니 2023년에는 증세 문제를 피할 수 없을 것이다. 늦더라도 이번 정부 안에서는 시행될 확률이 높다.

마지막으로 이민 문제도 생길 것이다. 최근 코로나 바이러스의 유행이 눈에 띄게 줄어들었기 때문에 외국인의 국내 유입도 조금씩 늘지만, 이와 별개로 이민은 부정할 수 없는 대세다. 주요 선진국들은 인구가 자연 감소하더라도 해외 유입 때문에 총인구가 늘어나고 있다. 하지만 한국의 경우, 자연 감소에 총인구감소까지 합세해 이미 인구 감소세에 진입했다. 1년 만에 전 세계에서 두 번째 총인구감소 국가가 된 것이다. 이러한 문제를 벌충할 수 있는 방식은 이민이다.

해외에서는 '노동 수입'을 위해 '이민 확대'와 같은 정책을 펼친다. 지금의 인플레이션을 유발시킨 최대 원인 중 하나는 최저임금부터 시작해서 전체적인 임금 수준이 굉장히 빠른 시간에 급격하게 상승했기 때문이다. 실제로 아이 한 명을 기를 때 양육인을 고용하면 한 달에 300만 원 가량이 지출된다고 한다. 간병인을 고용해도 하루 일당이 15만 원은 가뿐히 넘는다. 한 달만 고용해도 보통 직장인의 한 달 월급과 비슷한 수준을 지불해야 한다.

그렇기 때문에 지방에는 농촌에서 농사를 짓는 인력들 중 외국인이 압도적으로 많다. 그들이 없으면 농업이 유지되지 않는 지경에 이른 것이다. 결국 우리나라의 토대 산업이 유지되려면 해외에서 유입된 노동이 공급되어야만 하는 사회가 되어버렸다.

이민이 증가할수록 불법 이민 문제 및 각종 범죄 사고 같은 마이너스 요소도 생길 것이다. 그러다 보니 법무부가 이민청을 먼저 신설하겠다고 나서기도 한다. 이제 이민 이슈는 법무청에서든 다른 곳에서든 반드시 언급할 수밖에 없는 때가 되었다. 현재는 해외에서 들어온 사람들을 관리하는 부처가 다섯 개에 달한다. 그중 법무부는 사건, 사고자로만 인식해서 불법과 관련돼 있는 문제들을 중심으로 처리하며, 고용노동부는 일자리 문제로만 본다. 또 외교부는 외교 관계에 국한된 이슈로만 접근하는 형태다.

이렇게 통합된 단일 체계가 없기 때문에 우리는 필요할 때마다 서로 다른 부처를 찾아가야 한다. 이것을 하나로 모아서 현 상황을 조정한다면 아마 이민 이슈도 많은 부담을 덜 수 있을 것이다. 2023년을 기점으로 이민 이슈에 대해 적극 개입할 것을 정부에서 못 박았고, 특히나 법무부가 이민청을 신설한다고 운을 띄웠기 때문에 어떤 식으로든 조정이 될 것이다.

왜 사람들은
여전히 결혼할까?

결혼이라는 카드를 선택할 때 갖춰야 할 조건은 두 가지다. 하나는 장기 안정적인 고용으로 정기적인 소득이 있어야 하고, 또 하나는 살 집이 있어야 한다. 새로운 가정을 꾸릴 물리적인 공간이 필요한 것이다. 그런데 20대와 30대에게 설문조사를 해보면 연애를 하지 않겠다고 답하는 사람들은 절반 이하인데 결혼하고 싶어 하는 사람들은 절반을 넘는다. 여전히 절반 이상은 연애도 하고 싶고 조건만 갖춰진다면 결혼도 하고 싶어 하는 것이다.

그런데 그 두 가지가 언제 다 갖춰질까? 한국 청년들을 평균적으로 봤을 때 20대에 안정적인 소득과 집을 다 갖추기란 쉽지 않을 것이다. 30대에도 겨우 갖춰지면 다행이다. 다시 말해 한국 사회의 만혼화는 일종의 트렌드로 확산되고 있다.

실제 청년들의 결혼 적령기는 자꾸 늦춰진다. 30대 후반 정도 되어야 겨우 직장에서 자리를 잡는다. 그 이후에 연애하고 결혼하면 바로 아이를 낳아도 노산이 된다. 그러다 보니 난임이 발생하고 쌍둥이가 늘어난다. 만혼과 노산이 그나마 출산율 0.81을 만들어준 것이다. 대부분의 사람들은 그 두 가지 조건을 갖출 때까지 기다렸다가 결혼 여부를 결정한다.

부모 찬스를 쓰거나 전문직 종사자들끼리 만나서 소득이 높더라도 아이를 낳는 것은 또 다른 문제다. 그렇다면 이 문제를 해결하기 위해 임대주택이나 공공 주택을 제공하는 것은 어떨까? 20년에 걸친 출산율 비교표를 보자.

출산율과 뚜렷한 인과성을 보이는 것은 서울 아파트값이다. 특히 최근 4~5년간의 아파트값 변동과 출산율 하락은 꽤 동반해 움직인다. 서울 아파트값이 올라갈수록 출산율이 떨어지는 것이다

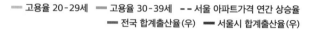

◆ 고용 및 주거 지표와 출산율의 상관관계

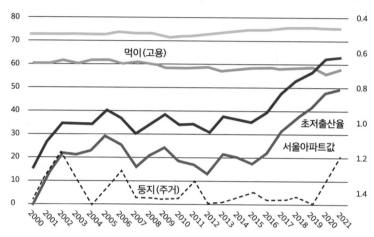

(우축은 출산율로 기준점 역전해서 배치하였다). 한마디로 둥지를 구하기 어려우면 아이를 낳지 않는 것이다.

반면 먹이의 문제인 고용률은 20년 전이나 지금이나 크게 다르지 않다. 그때가 어려웠으면 지금도 어렵고, 그때가 쉬웠으면 지금도 쉽다. 고용률과 출산율은 크게 인과 관계가 없다는 이야기다. 이에 비해서 서울 아파트 값을 넣어보면 주택 가격이 오를수록 한 발 뒤에 후행하며 출산율이 떨어진다는 것을 확인할 수 있다.

앞에서 말했다시피 결혼 허들을 통과할 때 보통 이 두 가지 기준을 고려한다. 그렇다면 고용(소득)보다도 주거가 영향을 더 크게 끼친다고 볼 수 있다. 단순히 주거 비용을 지원해주거나 임대 아파트를 제공한다고 해서 해결될 문제는 아니지만, 어쨌든 청년이 원하는 수준의 주거 안정성을 마련해주는 것은 출산율이나 결혼율 상승에 유의미한 결과를 불러올 수 있다.

이런 문제의 이상적 해결책으로 흔히 싱가폴 모델을 많이 언급하는데, 싱가폴은 땅과 건물의 소유가 분리돼 있다. 땅은 대개 국가 소유에 해당한다. 토지국유화 정책을 실시하면서 공공주택을 고급스럽게 만들어 제공하기도 하다 보니 사회 주택이라는 제도가 잘 자리 잡았다. 우리는 그럴 수 없는 상황이니 갖고 있는 제한된 요건 안에서 주거 안정성을 만들어주는 방식이 중요하다.

지금은 결혼 여부와 자녀 유무를 개인의 선택에 맡기는 시대다. 그렇다면 결혼을 하더라도 딩크족을 선택하는 사람들이 과연 장기적으로 봤을 때 행복할까? 아이를 낳은 사람은 딩크를 선택한 사람보다 어떤 장점이 있을까? 과연 합리적인 선택인 걸까?

여기서 주목해야 할 점은 하나다. 아이를 둘러싼 비용과 편익의 문제다. 비용이 부담돼서 아이를 낳지 않는 경우도 있을 것이고 편익이 커서 낳으려고 하는 사람이 있을 것이다. 비용 대비 편익이 많다고 하는 것은 경제적인 이유도 있겠지만 행복감 같은 정서적 요인이 있을 수 있는데 전체적으로 봤을 때 편익이 비용보다 더 크다고 생각하면 출산을 할 것이고, 그렇지 않으면 하지 않을 것이다. 그러니 어떻게든 육아에 들어가는 비용을 낮춰줘야 된다. 일단 그걸 낮춰주고, 키울 수 있는 방식으로 이끌어야 한다.

이러한 현실 이슈도 미래 산업에 반영될 여지가 있을까? 아마도 대행 신산업과 엮을 수 있을 듯하다. 최근에는 다양한 형태의 가족이 생겨나고 있고, 그것에 대한 거부감도 많이 줄어들고 있기 때문에 가족 대행 서비스가 생길 수도 있다. 함께 사는 것이 도움된다고 판단하면 혈연이 아닌 사람들도 가족으로 기능할 수 있기 때문이다.

만약 어떤 두 사람이 아기를 낳는 데 있어 편익이 없다고 판단해서 각자 결혼이나 출산을 하지 않고 즐기며 돈도 맘대로 쓰며 살겠다고 결심했을 때, 생애 전체에 장점과 단점이 있을 것이다. 그들이 나이가 들고 노인이 되었을 때 등을 긁어줄 사람도 없다면, 합의 하에 같이 살 수도 있다. 반드시 배우자나 자녀가 내 등을 긁어 줘야 하는 것은 아니기 때문이다. 일종의 공동주택, 공유주택 개념이 자연스럽게 도입될 수도 있다.

그런데 이런 기능결합형 가족은 여러 면에서 제도적 보완이 필요하다. 일례로 수술을 받을 때 보호자로서 역할을 할 수 없다. 그렇기 때문에 이런 경직된 제도를 바꿔야 한다. 가족이 아니어도 경제 공동체일 수 있다면 느슨한 연대가 강력한 보호가 되는 개혁 작업이 필요하다.

우리의 가치관을 바꾸는 노력은 정부 차원에서도 적극적일 필요가 있다. 가치관의 변화는 한번 말한다고 바뀌는 게 아니다. 긴 시간 동안 조금씩 사람들을 적응시켜야 한다. 그런데 오히려 지금은 비혼을 강요하는 사회가 된 것 같다. 결혼을 하면 손해라는 결론에 이르는 정책이 계속되면 곤란한 이유다.

고령화 사회가 되면서 인구는 줄어들고 윗세대를 부양해야 하는 젊은이의 부담이 늘어나는 상황에서, 결혼이나 출산을 하려는 사람은 점점 줄어들 수밖에 없다. 그래서 정부에서는 2023년을 확실한 분기점으로 삼을 가능성이 높다. 대표적으로 자녀 양육에 드는 비용을 절감시켜줄 것이다. 지금은 육아에 따르는 비용이 전적으로 가계에 넘겨지다 보니 정부의 역할은 상대적으로 제한되고 있다. 지금도 교육비를 일부 지원해주지만 전체 무상화가 필요하다. 특히 유치원과 보육원을 무상화하는 '유보무상화'를 도입하면 효과가 좋을 것이다.

아이들의 절대적인 수가 줄었기 때문에 유치원이나 보육원은 지금도 지원을 하고 있지만, 유치원은 교육기관이고 보육원은 복지기관으로 분리되어 있다 보니 각각에 맞춘 지원이 번잡하고 까다롭다. 완전 무상 보육도 아니다. 대부분의 복지국가는 사실상의 무상화로 진화되는 경로를 걸었다. 이런 방식으로 비용을 절감시키면 당연히 부모 입장에서는 맞벌이가 가능하고 소득이 늘어나면서 정서적 행복감이나 경제적 편익도 늘어난다. 비용을 낮춰주면 당연히 편익이 올라간다.

정부 차원에서 이런 환경 조건들을 좀 구비해주면 적어도 아이를 낳았을 때 아이에게 들어가는 돈 때문에 고민하는 일은 줄어들 것이다.

시간이 더 흐르면 전면교육 무상화가 될 가능성도 있다. 대학까지도 무상화가 될 수 있다. 유럽에서 대학 교육이 무상화된 이유도 이런 것과 비슷하다. 1인당 부가가치를 높일 수 있는 방식의 대책으로 여기고, 아이는 모두 소중한 자원이라는 사고방식이 만들어 낸 결과다.

한국에서
아이를 낳기 싫은 이유

1980년대는 인구가 줄어드는 게 좋은 신호였을 정도로 자원은 부족한데 사람이 많았다. 그래서 산아제한 정책을 펼치며 오히려 적게 태어날 때 인센티브를 많이 줬다. 강남의 아파트를 줄 때도 정관 수술하면 층수를 올려주고, 예비군도 빼줬다. 그때는 지금과 정반대로 인구 폭발이 문제였다. 정책이 효과적이라고 생각하기도 했다. 그런데 2002년에 접어들자 '인구위기선'이라고도 하는 1.3명이 깨지게 된다.

재미난 것은 주요 선진국 중 출생률이 1.3명 이하로 떨어진 건

일본이 딱 1년(2005년 1.26명)간이었고, 2006년쯤 1.32명을 찍고 다시 올라갔다. 주요 선진국 중에도 1.3명 이하로 떨어진 나라가 없다. 한국은 20년 전인 2002년에 이미 출생율 1.3명을 깼고 그 이후로 단 한 번도 올라간 적이 없을 뿐더러, 5년 전부터 1명도 깨졌다. 5년 전부터 나타난 1명 이하의 단위는 인구학에서는 거의 존재하지 않는 숫자라고 이야기한다. 일부 도시 국가가 0.8~0.9명대로 그나마 한국(2022년 0.75 예상)보다 높다.

최근 1~2년간 인구 문제가 꾸준히 심화되면서 우리도 이 문제를 체감할 수 있는 수준이 되었다. 그런 의미에서 기존과 달리 문제를 인식하는 '분기점'이 드디어 시작됐다고 볼 수 있다. 인구는 변수가 아니라 상수이기 때문에 인구가 변한다는 것은 모든 산업의 고객이 변한다는 뜻이고 경제 구조가 크게 바뀐다는 뜻이다.

실제 수치상으로 대한민국이 최저 출산율 세계 기록을 세우고 있다. OECD 국가 중 출산율이 평균의 절반도 못 미치는 수치인 1명 미만인 나라 역시 한국뿐이다. 한국의 MZ세대는 여러 변화를 겪으며 "열심히 살아도 부모 세대만큼 성공을 경험하기 힘들다"는 것을 깨달았다. 그래서 향상심을 잃어가고 기회비용과 탐색비용,

매몰비용을 함께 고려해 최선의 선택을 내린다. 한번 잘못 선택하면 평생이 고달파질 거라고 생각하기 때문이다.

이렇게 유독 우리나라만 인구학적으로 감소세를 보이는 이유에는 여러 가지 설이 있다. 그중 하나는, 가파르게 올라가면 가파르게 떨어진다는 것이다. 여기서 '가파르다'는 건 인플레 고성장이다. 소위 고성장과 관련되어 있는 단기 압축적인 고성장에 의해 자원량이 끊임없이 늘어나는 시점에서는 상대 빈곤은 있어도 절대 빈곤은 적다. 이런 것들을 한국이 압축적으로 잘해왔고, 노동 공급도 굉장히 좋았다. 수출 주도라는 전략도 굉장히 좋았다. 이렇게 앞만 보고 갔다. 이런 전략이 일정 부분 분기점이 되었다.

현재 우리나라의 잠재 성장률은 2%대로, 가용 가능한 자원을 모두 넣어도 물가를 크게 유발시키지 않는 상황에서 최대치가 2%대 수준이다. 그러나 과거에는 두 자릿수 성장률을 기록했던 단계다. 당연히 정상적인 4인 가족 기준으로 봤을 때 아빠 혼자 일하고 정년에 은퇴해도 먹고 사는 데는 아무 문제없던 시절이다. 재형저축 금리는 보통 24~25% 가량이었고, 이런 상황에서는 표준 모델만 따라가도 살아가는 데 아무 문제가 없었는데 지금은 저성장 시대로 바뀌었다.

지금 한국의 경우, 고성장이 압축적이었다는 것은 그로 인해 사회 변화가 모두 압축적으로 바뀌었다는 의미다. 그래서 고령 세대들은 후진국에 살았던 사람들이고, 중년 세대들은 개도국(중진국)에, MZ세대는 선진국에 사는 것과 같다. 한 공간에 3세대가 전혀 다른 경제추격 논리에 따라 살고 있는 사회라고 볼 수 있다.

한 공간의 3세대 공존형이 쉽지 않은 이유는, 그 변화가 길게 가서 해당되지 않기 때문이다. 한국은 불과 1세대, 2세대 만에 공존할 정도로 그만큼 인구 구조 변화가 빨랐다. 고성장이 끝났고, 가치관이 변화했고, MZ세대부터 시작한 소위 '별종'이라 불리는 사람들이 사회 주류로 편입되기 시작했다. '별종'들의 판단 기준은 아무리 노력해도 흐름을 못 따라간다는 것을 확인하며 달라진다. 결국 자신의 가치를 재조정하지 않으면 못 따라가는 것이다.

MZ세대는 어차피 부모 세대 추격이 어렵기 때문에 향상심(향상되고자 하는 마음)이 줄어든다. 향상심이 줄어들면 투자하지 않는다. 100개에 투자해서 하나라도 성공하면 대박이라고 생각할 수 있지만 그들은 이런 방식을 택하지 않는다. 하지만 과거 부모 세대

때는 그렇게 투자하지 않으면 바보였던 시절이었다. 오히려 지금은 예전처럼 하는 게 바보인 상황이다.

이들에게 무작정 투자하라고 강요할 수도 있겠지만 MZ세대는 그 어느 세대보다 똑똑하기 때문에 그런 말이 먹히지 않는다. 한국 대학 진학률이 82%에서 현재 72%까지 떨어졌지만, 주요 선진국의 진학률은 여전히 30~40%다. 우리나라는 웬만한 사람이 전부 대학 졸업생이다. 대졸자라는 말은 공부를 하든 안 하든 가치 판단력이 좋아졌다는 말이다. 합리적이고 효율적인 자원 배분이 가능한 수준이다. 지금 본인의 자본과 자원을 투입해서 미래에 얻을 수 있는 기대 효과들을 정확하게 비교할 수 있는 상황이 되었다.

옛날에는 감으로 최선의 선택을 했고 '이 선택을 해도 살아가는 데 큰 문제가 없을 거야'라고만 믿었다. 그럴 때는 약간 뒤처져도 결국엔 평균을 향해 수렴되기 때문이다.

그러나 지금의 MZ세대는 가치관의 변화 때문에 '향상심'이라고 표현하는 '더 많이, 더 빨리, 더 크게 가지려고 하는 욕구' 자체가 줄어들 수밖에 없다. 이렇게 되면 소위 혁신은 상대적으로 제한된다. 하이리스크, 하이리턴 사회가 아닌 로우리스크, 로우리턴 사회로 바뀐다. 이러한 가치관의 변화가 MZ세대를 중심으로 강력히 퍼

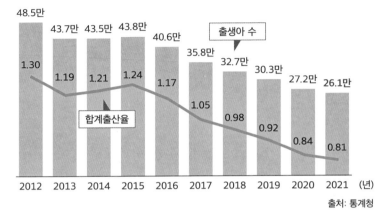

◆ 출생아 수 및 합계출산율 추이

(단위: 만 명, 가임 여자 1명당)

출처: 통계청

지기 시작했다. 당연히 '이건 위험하지'라는 리스크형으로 삶의 모형을 디자인할 수밖에 없다. 그렇게 되면 플러스 알파를 얻을 확률은 상대적으로 줄어든다.

삶에 있어 가장 큰 선택이 바로 연애, 결혼, 출산이다. 왜냐하면 해당 연령대는 그 문제를 바로 선택해야 하는 상황이고, 선택에 따른 삶의 영향력도 큰 시기이기 때문이다. 이런 고민은 단순히 '아침에 김밥 먹을까?'와 같은 단순한 선택의 문제가 아니다. 한번 잘못 선택하면 평생이 고달프기 때문에 오랫동안 숙고하면서 내린 결과

가 출산율 0.81(2021년)명이라는 숫자로 나왔다. 나름 그들의 전략

적이고 합리적인 선택이라고 볼 수 있다.

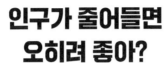

인구가 줄어들면
오히려 좋아?

인구가 줄어들면 정말 나쁠까? 오히려 좋을까? 인구가 줄어든 국가를 떠올려보자. 딱 한 나라, 일본밖에 없다. 지금 일본의 상황이 안 좋은 것이 인구 감소 문제 때문만일까? 어떤 정치적이나 산업적인 판단을 잘못한 것들도 연관되어 있을 것이다. 모두 연관되는 건데, 사실 모든 출발은 인구 문제다.

조금 더 자세하게 설명하면 '저출생 고령화'가 문제였다. 일본은 1996년도에 생산 가능 인구가 줄기 시작했다. 그 시점부터 정확하게 장기복합 불황에 들어갔다. 물론 이때 정책을 잘 세웠다면 달라질 수도 있었다. 그런데 정책마저 안타깝게도 파투가 나는 바람에 더 힘들어졌다. 이러한 사례를 봤을 때, 인구가 줄어서 좋아지지 않은 곳이 일본뿐이라면 우리가 인구가 줄어서 좋은 사례를 만들면 되는 것 아니냐고 생각할 수도 있다.

하지만 국내 지방 중에서 인구가 줄었는데도 불구하고 잘 사는 지방은 없다. 실제 어느 사회를 봐도 공동체 인구 숫자가 줄었는데 국부가 유지되거나 늘어난 사례는 별로 없다. 인구가 줄면 당연히 탐욕의 숫자도 같이 줄어들 것이라고 생각하는데 사실 그렇지 않기 때문이다. 사람이 줄어도 가지려고 하는 욕구가 더 커지면 말짱 도루묵이다. 우리가 이야기하는 부동산 이슈와 같이 연결된다.

인구가 줄어들어서 좋은 건 지구 과부화 문제, 생태 문제 극복의 부분이다. 이것도 이제는 이상적인 이야기다. 사람 한 명이 하나만 가지면 되는데 한 명이 열 개를 가지려고 하면 또 개발해야 하기 때문이다. 지구 과부하가 오고 북극곰을 또 괴롭혀야 한다. 그래서 숫자가 줄어든다고 해도 탐욕이 줄지 않으면 이 가설은 불가능하다.

인구가 줄어들면 일자리 문제가 해결되지 않을까? 당연히 경쟁자가 줄어드니 일자리는 늘어날 것이다. 그러나 이것 역시 지금의 일자리가 유지되거나 늘어난다는 전제가 깔려 있어야 가능한 이야기일 것이다. 우리나라는 내수는 작은데 비해 수출 이익이 큰 편이다. 하지만 수출이 가져오는 고용 유발 효과는 갈수록 떨어지고 있는 실정이다. 제조업의 고용 유발 효과, 취업 유발 효과가 갈수록 낮아지고 있다.

예전의 고성장 시기에는 10억 원의 부가가치를 만들어낼 때의 인원수를 측정하면 20명 가까이 나왔지만 지금은 제조업이 자동화되면서 로봇이 대체하는 방식으로 바뀌고 사람은 서너 명까지 줄어들고 있다. 우리나라는 실제 산업로봇 현장 투입율이 전 세계 1위다. 결국 사람이 줄어들어도 일자리가 늘어나야 된다는 숙제가 풀려야 이 논리가 가능해진다.

인구 변화와 직결된
성장산업 후보군

인구 변화와 직결된 성장산업을 중심으로 새로운 혁신과 고부가가
치화를 도모할 때 인구가 줄어도 고용은 늘어난다.

　일본의 경우 소매, 간병 등을 필두로 10대 산업은 사양화 염려에
도 불구하고 오히려 성장세를 보이고 있다. 이런 기회를 적극적으
로 살려 인구 감소 속에서의 고용 창출을 도모하는 것이 전략적인
접근일 것이다.

소매	일상 수요, 고급/세분화, 플랫폼화, 向편의점, 홈센터DIY
간병	성장 확실, 초고령화, 베이비부머 (지불능력), 방문/시설 라인업
의약	초고령화, 투약율 (약가억제 vs 신약도전), 건강 보조, 의료기기
교육	자녀 감소, 입신양명, 업계 재편, 1인당 투자, 고급/특화 전략
육아	맞벌이 수요, 유보 무상화 (부담 경감 → 수요 확대), 중산층 부모
페트	분화 포기, 가족반열 (대체제), 인간화, 프리미엄, 개 → 고양이
공유	사용 가치, 유휴자원, 중고시장 (리사이클), 가치 성숙, 多死유품
손보	생존 보장, 치매/간병, 틈새형 미니 보험, Data-Biz, 위험구조화
EC	전자 상거래, 포노사피엔스, 추가 확대, 低EC화율군 (식품 등)
인재	인구 감소, 인력 부족, 고용 변화, 아웃소싱, 매칭가치 (DX 기회)

복지도
산업이다

앞으로 고령 인구가 될 X세대는 현재 50대 초중반이다. 지금까지 우리는 1960~1970년대의 사고체계로 고령화를 다뤘지만, 10년 뒤에 X세대가 65세에 진입하면 더 이상 고령 인구는 아프고 가난하고 고립된 사람들이라는 이미지로 보이지 않을 것이다.

X세대는 오히려 돈 많고 시간 많은 사람일 확률이 높고, 실제 가계 자산 구성 중 X세대의 자산이 압도적인 비중을 차지한다. 이미 고령이 된 사람들이 돈이 없지, 앞으로 늙어갈 사람들은 돈이 있는 것이다.

이제는 고령화를 복지가 아니라 성장의 기반으로 삼아야 한다. 정부의 복지 공급이 아니라 시장의 복지 창출이 돼야 하고 복지가 하나의 산업이 될 시기가 오는 것이다. 현재 50~60대의 자산가들이 합리적으로 돈을 쓰게 만드는 산업을 만들어야 한다.

어차피 복지는 필요한데 정부가 제공해줄 거라고 믿고 기다리고 있거나 가족이나 자녀에게 부모를 책임지라고 바라만 보는 것은 구시대적인 모델이다. 요즘 젊은 사람들이나 늙어가는 사람들은 구매력도 있다. 가치관도 이미 신인류들이다. 기본적으로 다양한 인생을 경험했던 사람들이기 때문이다. 구매와 관련돼 있는 환경들도 과거와는 전에 없이 달라졌다.

그런데 이런 사람들도 하나같이 중요시 하는 것은 늙었을 때 아프니까 '의료', 아프니까 힘들면 누가 도와줘야 하니 '간병'뿐이다. 꼭 노인뿐 아니라 20대가 아파도 의료와 간병은 필요하다. 그렇기에 의료와 간병이 고령화 산업의 선두주자이자 상징 산업인 건 맞는데, 그렇게만 바라보면 우리는 복지의 틀 안에서 빠져나올 수 없다.

실제로 우리가 일상을 살아가는 데 쓰이던 모든 소비들은 나이가 들었다고 줄어드는 게 아니다. 70대가 되었다고 소비가 줄어들지 않는다. 똑같이 쓸 것이다. 20대와 마찬가지다. 가수 임영웅의 팬들만 봐도 그렇다. 우리는 그들을 객관적 경제 주체로 보아야 한 다. 약자가 아니라 아주 강력한 새로운 소비 집단으로 봐야 한다.

주거 이슈 역시 당연히 복지 차원으로 접근해서 세금으로 노인 을 도와준다고 하면 안 된다. 대신 조정을 하거나 혹은 안 해도 상 관없다. 이미 그 사람들은 그럴 만한 능력과 의욕이 있다. 정부는 단지 시장화시켜 주는 것이다. 절대적인 취약계층의 고령 주거는 정책 지원이 필요하지만, 그렇지 않을 경우 시장화를 통해 적합한 노후공간을 선택할 수 있도록 성장토대화하는 게 바람직하다.

한마디로 말해, 고령화로 산업이 커질 수 있고 그 방향은 내수 확대일 수도 있고 고령 산업 창출일 수도 있다. 우리나라에는 8개 의 고령 친화 산업(의약품, 의료기기, 화장품, 식품, 용품, 요양, 주거, 여 가산업 등)이 아주 옛날에 만들어져 법으로 정해져 있다. 간병, 보장 기구, 주택, 노인 시설 등 그 8개가 아니면 지원을 하기가 쉽지 않 은 상황이다. 아주 경직되어 있는 셈이다.

그런데 그 8개 산업 때문에 먹고 사는 기성 시장 조직이 얼마나 많은가. 하지만 정말 고령 산업에 걸맞은 것은 플랫폼 사업이다.

어차피 이동권이나 교통권이 제한되는 상황에 플랫폼에서 필요한 물품을 공급받고 매칭시키는 작업이 얼마나 유용할까? 그러나 지금 틀에 갇힌 경직적인 제도 지원과 규제 때문에 관련 수요의 시장 활력을 창출하기가 쉽지 않은 상황이다.

고령화가 될수록 성장할
대행 산업

앞으로는 대행 산업이 굉장히 커질 것이다. 분업 때문이다. 분업이 강화되면 자기가 하던 것만 잘하고 나머지는 다 못하게 된다. 그런데 우리는 먹고 살아야 한다. 스스로 움직여서 필요한 것을 해낼 수 있는 사람들은 겨우 하면 되지만 고령 인구는 갈수록 제한된다. 그럼 누군가 대행을 해줘야 한다.

우리가 아는 대행은 단순한 배달 대행이 있지만 가사 대행, 외출 대행, 본인들의 의사결정을 내릴 때와 관련돼 있는 대행, 노인 특유의 체형에 맞춰서 의상을 제안해주거나 구매 대행을 해줄 수도 있다. 쉽게 이야기하면 고령 인구의 거의 모든 일상생활이 대행이 된다. 이것도 수요와 공급에 맞아야 한다. 필요한 사람들은 계속해서 늘 것이다. 그런데 이걸 공급하는 곳이 적다.

그럴 때 이런 대행을 고급화시킨 집사 서비스 같은 것이 등장하는 것이다. 우리는 남과 다르게 특별하게 구분하는 것을 좋아하니, 남과 다르게 호텔형으로 가거나, 고급형 집사로 가면 된다.

그리고 먹거리, 소매도 있다. 스스로 매 끼니를 챙겨먹기 어려운 탓에 조식 서비스가 제공되는 아파트가 점점 늘어나고 있다. 이런 서비스를 20대 때문에 만든 걸까? 아니다. 이런 식으로 시장은 법 허용 범위 안에서 조금씩 발전해가고 있다.

특히나 식당은 품질 문제나 위생 문제 때문에 전문가와 협업해서 전문 업체가 책임지고 들어가는 구조인데, 꼭 필요한 사업 같지만 어려운 절차와 과정 때문에 시장이 더 넓어지고 싶어도 그럴 수 없는 상황이 펼쳐지고 있다. 이 역시 제도 보완으로 시장이 얼마든지 커질 수 있다.

고령화가 꼭 나쁘기만 한 건 아닐 수도 있다. 인구 감소는 문제일 수 있지만 고령화 자체는 사회의 트렌드가 바뀐 것으로 생각하면 좋다. 좀 더 정확하게 표현하면 저출생 고령화든 인구 변화든 '좋다, 나쁘다' 하는 개념보다는 중립적 입장에서 접근하려는 노력이 필요하다.

그런데 앞서 나쁘다고 표현한 이유는 현실 대비 대응책에 미스매칭이 발생하는 부분들이 있기 때문에 '이대로 가면 힘들다'는 식의 맥락으로 귀결해 왔기 때문이다. 그러나 대응책을 잘 적용하면 얼마든지 레벨업이 될 수 있다.

우리는 변화한 상황에서 변한 것에 맞게끔 새로운 길로 나아가야 한다. 시대 변화가 만들어낸 일상에서의 어떤 현상들은 나쁘고 좋은 게 없다. 그냥 시대가 변했기 때문에 바뀐 것일 뿐이다. 대신 그러한 변화들이 위기나 불행이 되지 않도록 조정하고 현실에 맞춰 새로운 것을 제안해주어야 한다.

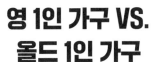

영 1인 가구 VS.
올드 1인 가구

2023년에도 1인 가구 시장은 점점 커질 것으로 보인다. 1인화가 만든 필연적인 결과다. 고립·고독과 관련돼 있는 것도 많다. 뒤집어 이야기하면 관계다. 사람들을 연결시키고 풀어주는 방식으로서의 수요, 갈등을 풀어내는 방식의 정책 같은 것들이 불거질 확률이 굉장히 높다.

지금의 1인 가구는 하나같이 고밀도 지역에서 발생하는데 이건 양자적인 차원이다. 우리가 1인 가구를 생각할 때 젊은 남녀만 생각하지만 사실 1인 가구의 핵심은 노인이다. 그래서 양자적이라고 표현한 것이다.

젊은 1인 가구와 늙은 1인 가구의 양상은 굉장히 다르게 나타날 것이다. 하지만 공통적으로 관통하는 키워드가 있다. 대표적으로 혼자 살기 때문에 불가피하게 생기는 고립과 관련된 문제와 관계 확장으로 연결되는 이슈다. 이미 많이 활성화되어 있는 이슈이다. 당근마켓, 배달과 같은 사업이 꾸준히 수요를 이끌어낼 것이다.

또 하나는 위험이다. 혼자 살면 여러 가지 이유로 불안전하다고 느낄 수 있다. 이런 위험을 보장하거나 대체해줄 수 있는 방식이 사업으로 떠오를 것이다. 반려동물 산업이나 손해보험, 보안, 주거도 이러한 이슈에 포함될 수 있다.

1인 가구는 그러한 물리적·심리적 위험에서 멀어지기 위해 아파트 같은 집중적인 집합시설들을 선호할 수밖에 없고 결국 사람들이 많이 다니는 동네를 선호할 수밖에 없다. 이런 식으로 '위험' 키워드가 산업과 연관되어 떠오를 것이다.

마지막으로는 1인화다. 혼자인 사람들이 그렇지 않은 사람들보다 고립과 위험이 발생시키는 미래에 대한 불확실성이 증폭될 것이다. 그리고 미래의 위험과 관련된 문제를 극복할 수 있는 방법이 무엇인지 생각하다가, 투자로 연결될 것이다. 자산을 지키거나 가지고 있는 자산을 늘리려는 수요가 커질 것이다.

향상심이 낮아지는 것과는 다른 개념이다. 향상심이 낮아서 리스크를 안고 가지 않겠다는 사람들도 어차피 본인이 혼자서 오래 살아야 된다는 사실은 알고 있다. 그러면 그 안에서 끊임없이 자기 합리화를 위한 여러 장치나 방법을 고려할 것이다. 엄청난 부자가 되겠다는 것은 아니지만, 스스로의 노년을 보호하려는 정도의 투자는 하게 될 것이다.

실제로 저성장 사회는 저금리 사회다. 저금리 사회는 플러스 알파에 대한 욕구가 굉장히 커진다. 그 플러스 알파를 무엇으로 가져갈 것이냐가 문제로 떠오를 것이다.

현재는 정부에서 1인 가구를 위해 짓는 주거의 형태가 10평도 채 안된다. 정확한 수요와 욕구 분석이 안 된 상태에서 관성적으로 접근한 결과다. 4인 가족에게 24평의 집이 필요하니까 1인 가구는 $24 \div 4 = 6$평이 필요하다는 식으로 계산한 것이다. 실제로 그런 크기에서 편하게 살 수 있다면 다행이지만 아닌 경우가 훨씬 많다.

요즘은 토끼집처럼 작게 많이 짓기에만 바쁜데, 실제 MZ세대들은 어렸을 때부터 널찍한 집에서 자기 방을 갖고 곳곳을 돌아다니며 생활한 사람들이다. 작은 방 한 칸에서 혼자 고립되어 사는 구조는 윗세대가 만든 대안일 뿐이지 요즘과는 맞지 않는다. 그렇다면 당연히 그들이 필요한 방식으로서의 1인 가구에 맞는 주택을 공급해야 한다.

1인 가구는 주거 약자니까 정부가 복지로 도와줘야 된다고 하면서도, 교통이나 기본적인 생활 시설도 없는 산속 같은 곳에 집을 지어 놓으면 누가 들어가겠는가?

핵심은 중소형으로 집을 짓되 역세권 중심으로 배치해야 하고, 청년은 늘 움직이는 세대이기 때문에 그들의 생활방식에 맞는 주거 정책을 재편해야 한다.

MZ는 고양이 세대

요즘 소위 'MZ세대'로 불리는 젊은 사람들은 자기다움이 굉장히 뚜렷하다. 갖고 싶은 것은 아무리 비싸더라도 36개월, 60개월 할부로라도 가진다. 선진국에서 자랐기 때문에 사고 체계부터 남에 대한 배려 같은 것은 딱 공동체에서 살아갈 정도의 수준으로 지킨다. 선배 세대들이 가르쳤던 것처럼 맹목적으로 '이 나이에는 이래야 돼' 같은 개념은 거의 없다고 보면 된다.

특히나 승진과 관련해서 남녀 간의 차이가 많이 줄어들었다. 또 예전에는 학교 다닐 때 1년 차이만 나도 친하면 형이나 언니, 안 친하면 선배라고 불렀으나 요새는 다 '○○님'으로 부른다. 물론 친해지고 나면 괜찮지만, 대부분 적당한 거리를 두는 편이다. 예전에는 무조건 친해지려고 했다면 지금은 안 친해지는 게 디폴트다. 한마디로 고양이 세대다.

하지만 그렇게 달라졌기 때문에 오히려 가능성이 있다고 본다. 예전의 맹목적인 인간관계 때문에 만들어졌던 문제들에서 벗어난 이들이다. 정말 필요와 조건에 의해서 상황에 맞춰서 얼마든지 재조합, 재구성할 수 있는 여력을 같이 준다.

어찌 보면 MZ세대를 걱정하는 것은 기성세대들의 약간 조금 '꼰대스러운' 우려일 수도 있다. 그들은 그들 나름대로 잘 교육받고 잘 살아갈, 역사적으로 가장 제일 괜찮은 인적 자원들이기 때문에 틀렸다고 생각하거나 너무 염려하지 않아도 된다.

다사(多死)사회가
만든 산업

우리 사회는 저출생 고령화가 계속되고 인구 감소가 더욱 급격해질 것이다. 그러면 고령층의 사망률이 급격히 늘고 사회의 충격이 커질 텐데, 이 현상을 한마디로 '다사多死사회'라고 한다. 앞으로는 죽음 관련 산업이 확대될 전망이다. 지금은 죽음 이후와 관련된 산업이 하나둘 생기고 있지만 죽음을 준비하는 과정과 관련된 산업도 커질 전망이다.

아직까지 한국은 다사 사회가 아니라서 이런 이야기가 많이 나오지 않지만 일본만 하더라도 이 이슈가 굉장히 크다. 기존의 죽음 관련 산업이나 시장은 한정되어 있었는데 갑자기 죽는 사람들이 늘어난다면 경쟁이 생기기 마련이다. 그러면 이와 연관된 새로운 산업이 생겨나는 것이다.

현재 주요 대기업들이 빠지지 않고 시도하는 부분이 간병 산업과 장례 산업이다. 수년 전부터 이쪽으로 거대 기업들의 자본이 유입되고 있다. 다사 사회에서는 워낙 잠재 고객들이 많기 때문이다. 그들이 본인의 사망 시점을 모를뿐더러 안다고 하더라도 단기적으로 준비해야 될 게 따로 있다. 금융도 단순한 예금으로는 추가수익을 발굴하기 어렵다고 이야기하는데, 다사 사회가 만들어내는 금융산업의 신성장 동력은 굉장히 크다. 왜냐하면 그들은 소득, 특히나 자산이 많은 사람들이기 때문이다. 그들이 남긴 자산을 누군가에게 물려주거나 처분을 해야 하는 상황에서 나이가 들어 판단능력이 부족해지고 의사결정이 잘 안 된다면 어떻게 해결할까?

그럴 때 자산 이동의 문제를 대행해 주는 전문가가 필요할 것이다. 그래서 신탁 관련 산업도 빠른 속도로 커지고 있다. 그러니까 원하는 조건만 맞춰주고 그 신탁 회사의 계약 조건 안에 부가 서비스 같은 것들(예를 들어, 병원 갈 때 동행해주는 서비스 등)을 제공해준다고 하면 불티나게 팔릴 것이다.

그렇다면 유족이 없는 망자의 재산은 어디로 갈까? 권리관계가 정해지지 않은 자산, 예를 들어 방치된 빈집들도 앞으로 굉장히 늘어날 것이라고 본다. 법적으로 정해질 수 있는 것이라면 법 기준에 따라 상속을 하면 되고 만약에 그렇지 않은 경우는 당연히 국가나 사회에 환원되는 방식으로 정리가 될 것이다.

빈집이 생겼을 때는 부수는 비용도 아까워서 방치하는 사람도 많다. 일본의 경우 빈집으로 갖고 있을 때 내야 하는 세금이 훨씬 비싸다. 그러니까 차라리 빈집을 없애고 땅으로 갖고 있는다. 일본의 주택가 곳곳에는 작은 주차장들이 많다. 적어도 빈 땅을 놀릴 바에는 아스팔트 값만 받고 공간을 활용하는 경우가 굉장히 많은 것이다. 빈집을 매매해 철거하고서 차라리 그렇게 활용할 수 있다.

한국도 생각보다 빈집이 많은데, 이런 사업을 하지 않는 이유는 혹시나 언젠가 땅값이 오를까 봐 팔지 않고 싶기 때문이다. 그런데 이런 계산은 말도 안 되는 계산이다. 소유 비용보다 그것을 능가하는 주차장 수익으로 대체하면 빈집 활용 방안이 금방 나온다. 빈집 방치세 같은 것을 부과한다면 대부분의 사람은 당연히 팔 것이다.

그런데 그런 세금 부과를 하지 않으니 미래의 재산 증식에 중요한 수단이 될 거라고 믿고 있다. 여전히 많은 사람들이 이런 환상을 가지고 있다.

그러니까 우리는 '있는 데도 쓰지 않는 자산이나 자원'들을, '쓸 수 있는 방식으로 재구성'하는 데 집중해야 한다. 이것이 새로운 혁신을 만드는 것보다 훨씬 더 즉각적이고 또 훨씬 더 유기적인 방식으로서의 해결책이다.

다사 사회가 이제 끝나면 급격한 총원 감소는 불가피하다. 그런 상황에서 일정 부분 이민 정책을 보완재로 쓸 수는 있지만, 이것이 근본적인 대안이 되기는 어렵다. 왜냐하면 인구 감소는 전체의 양적인 동반 하락을 의미하므로, 결국 우리는 감축 사회이자 수축 사회로 갈 수밖에 없기 때문이다. 이민자가 늘고 기존 인구가 줄면서 일부 충격을 좀 막아줄 수는 있겠으나, 한국에서는 이민자 개방 정책을 통해 모든 문제를 품어 안는 방식으로는 단순히 문제를 해결하기 어렵다고 본다.

부자가 되는 길

경제적 자유를 얻고 싶다면

요즘 같은 불경기에 현실적으로 경제적 자유를 얻기 위해서는 상당한 시간이 걸린다. 복권에 당첨되지 않는 이상 한 번에 그런 자유로 가는 길은 없다. 그러니 그런 꿈은 애초에 버리는 게 좋다. 유튜브를 하든 투자를 하든 저마다의 노력과 시간을 투자해야 한다. 그리고 주변과 비교하지 말아야 한다. 미디어를 통해 쉽게 성공한 사람들의 사례가 많이 노출되면서, MZ세대는 주변과 비교하는 것에 거리낌이 없다.

수천만 원을 하루에도 쉽게 써버리는 사람들, 현금 다발 사진을 자랑하듯 올리는 사람들, 명품 옷과 시계, 외제차를 전시하듯 걸친 사람들과 나를 비교하니 내 인생의 답은커녕 현실적인 목표 설정조차 어려운 것이다. 단번에 그렇게 되고 싶다면 엄청난 재능과 기술로 스포츠 선수나 연예인을 하지 않는 이상 방법이 없다. 사실상 갑자기 스포츠 선수나 연예인이 되기는 어려우니 불가능하다고 봐야 한다. 새로운 직업으로 떠오른 유튜버도 같은 맥락에서 해석할 수 있다.

경제적 자유로 가는 길은 나 자체가 하나의 상품이자 기업이 되는 것이다. 그런데 자금 투자로 경제적 자유를 얻으려면 그보다 더 많은 시간이 들어간다. 60년 이상 투자해서 경제적 자유를 얻은 이들도 '복리'를 늘 강조한다. 복리의 의미는 '처음에 참아야 한다'는 것이다. 지금 쓰는 시간, 지금 투자하는 돈이 나중에 불어나서 이득으로 돌아올 거라는 희망적인 메시지를 품고 있지만, 어느 정도 불어나서 큰 사이즈가 될 때까지는 지난한 날들을 참아야 한다는 말이다.

어떻게 참을까? 그저 복리를 믿고, 내가 투자한 것들은 마음에 물어야 한다. 지지부진하다고 느껴질 수 있는 시간을 가속화하는 방법은 남과 다른 차이를 통해 노동력의 가치를 올리고 내 수입을 계속 키워나가면서 그 수입을 계속 복리로 굴릴 수 있는 쪽으로 연결 지으며 이 과정을 무한으로 반복하는 것이다. 내가 다른 분야보다 잘 파악하고 있는 업계에서 복리로 불어날 수 있는 투자나 창업으로 이어가도 좋다.

2023년은 세계적으로 경기가 불황일 것이라는 전망이 심심치 않게 나오고 있기에, 경제적 부나 자유를 얻는 것이 쉽지 않다는 사실을 받아들이고 인식하는 해로 삼아도 좋을 것이다. 1~2년 전처럼, 극단적인 투자로 경제적 부와 자유를 누리기는 현실적으로 어렵기 때문이다.

어떻게 보면 지난 3년 사이에 우리 모두가 쉽게 부자가 될 수 있는 것처럼 헛된 꿈에 빠져 있었던 것은 아닐까? 자산 시장은 거품이 많이 끼었고, 그 안에서 실제로 엄청난 부를 거둔 소수의 몇몇 케이스가 온라인상에서 파급력을 가지며 '어쩌면 나도 할 수 있을 것'이라는 꿈을 갖게 만든 것 같다.

하지만 돌이켜보면 1999년과 별반 다르지 않은 현상이다. IMF 직후, 1999년에도 일확천금 사상이 만만치 않았다. 그때의 버블은 얼마 전까지 있었던 빅테크 버블과는 완전 차원이 달랐다. 역사에 남을 만한 사례였다. 평생직장 개념이 무너지고 청년들은 조직에 들어가서 충성했다. 그때도 모두가 떼돈 버는 투기장은 없었다. 오로지 시세차익만을 노리는 투기 시장에서는 몇 명의 승자를 제외하고 모두 패자가 되었다. 당시에도 또래 중에는 부자가 된 사람도 있었고, 부자가 되기 위해 발버둥치는 사람도 많았지만 결과는 대부분 안 좋았고 실패를 맛본 사람들은 죽어도 다시는 투기하지 않겠다고 했다. 그런데 20년이 지난 지금, 모두 리셋이 된 것처럼 다시 투기하고 있다. 우리는 17세기 튤립에 투기했던 사람을 비웃지만, 튤립 투기를 했던 사람들이 지금 우리를 보면 똑같이 비웃을지 모른다.

모두가 '재테크 도사'인 시대, 나아가 '주식하는 직장인'

의 시대인 요즘, 업무 시간을 활용하며 단타 투자를 하거나 거액으로 부동산을 사고팔기는 어렵지만 절대로 부채를 사용해서 투자하지는 않기를 바란다. 아주 기본적인 이야기이지만 부채를 사용해 투자하면 오래 버틸 수 없다. 가장 중요한 것은 내가 잘 아는 분야에 집중해 투자하는 것이다. 근로 외 시간만으로는 방대한 분야의 산업이나 종목을 파악하기는 힘들기 때문에 투자회사를 이용한 간접투자를 병행하는 것도 권장한다.

경험이 없으면 다 처음이다. 그런데 그 경험이 쌓이고 시간이 지나면 근육이 단단해지고, 그럴 수 있고, 죽을 일이 아니게 된다. 투자를 하면서 겪는 일도 비슷하다. 잘될 수도 있고, 안 될 수도 있고, 시행착오는 당연히 있을 수 있다는 것을 받아들이고 쌓아 나가야 한다. 자기가 경험해보지 않고 이걸 느낄 수 있을까? 절대 없다. 그래서 요즘 나는 "포기하지 말고 계속 하라"는 말을 강조한다. 그러면 다음번에 오는 경험에서는 분명히 지금보다 더 나은 수를 둘 수 있을 것이다. 당신은 분명히 성공에 가까워질 것이다.

한판 승부를 보려 하지 마라

지금은 국내외 전반적으로 리스크가 올라가는 시점이다. 그러니 자산을 한쪽에만 집중하기보다 여러 갈래로 나누고, 투자에 있어서도 단기간에 승부를 보려하지 말고 마음을 느긋하게 먹어야 한다. 가지고 있는 자산을 한쪽에 몽땅 투자했다가 소위 대박이 난 이들의 성공담이 자꾸 들려오겠지만, 그것은 결과론일 뿐이다. 그렇게 성공한 사람 역시 두 번은 어렵다. 도박을 하고 싶은 거라면 말리지 않겠지만, 투자는 투자일 뿐, 절대 복권을 사는 행위가 아니다.

특히 요즘의 대한민국 기술의 발전 속도나 변화 속도가

점점 더 가속화되어 인공지능이 인간을 넘어서는 특이점이 온다고 말한다. 그와 동일한 특이점으로 메타버스 분야에서도 물리적인 현실을 넘어선 디지털 현실이 조만간 도래할 것이라고 예측하는데, 기술 변화 속도가 엄청나게 빠르기 때문에 지금은 정말로 하나에만 집중하면 복권을 산 셈이 되는 것이다.

기술적으로 새로운 것을 수용하는 이들을 이노베이터나 얼리어답터라고 부른다. 그러나 대부분의 부자들은 어느 정도 검증된 선택만 하려고 한다. 그래야 손실이 덜하기 때문이다. 그러나 부자들이 오히려 이노베이터가 되면 더욱 좋다. 시장을 읽을 수 있는 눈이 생기기 때문이다. 자동차 시장에 전기차가 등장했을 때, 일반적인 회사원이 겨우 모은 돈으로 전기차 한 대를 샀다면 실수하면 재산을 크게 손해 보겠지만 부자는 그렇지 않다. 그런 선택은 부자만이 할 수 있다. 장거리를 가기에 어려운 전기차라도, 부자는 그것을 사서 전기차에 대한 속성을 경험적으로 배우고 구체적으로 알 수 있다. 투자의 눈을 키우기 위해서는 경험적인 배움이 중요하다.

물론 그보다 더 중요한 것은 거시적인 흐름을 읽는 방법이다. 거시적 흐름을 읽기 위해서는 인문학을 소홀히 하면 안 된다. 기술을 공부할 때는 그 기술 내부로 깊게 들어가는 것도 중요하지만 인문학이나 역사와 관련된 것들에 거시적 흐름이 드러나게 마련이기 때문이다. 누구나 들어봤을 법한 《총 균 쇠》나 《사피엔스》 같은 책을 읽으면 거시적으로 세상을 읽는 법을 알 수 있다. 이렇게 기술의 외적인 지식도 많이 쌓으면 큰 도움이 될 것이다.

　　한판 승부를 보려는 대신, 이 말을 꼭 기억하기를 바란다. 독일 정치가인 비스마르크가 한 이야기다. "어리석은 자는 경험에서 배우고, 현명한 자는 역사에서 배운다." 대부분의 투자자들은 자기 경험을 통해서만 배워나간다. 물론 내 경험은 매우 중요하지만 타인의 역사를 통해서 배우는 게 훨씬 좋다. 그러니 이제부터는 스스로 이노베이터나 얼리어답터가 되어 풍부한 경험도 하고 거시적인 관점은 남의 경험이나 역사를 통해서 쌓아나가자. 미래에 큰 변화를 불러올 '테크' 산업은 불확실한 미래를 결정하는 건 결국 사람의 마음이고 사고방식이라는 점을 간과하고 성장할 수 없는 분야다. 우리는 보통 개인에 대한 생각이나 마음만을 읽고자 하지만, 그런 개인이 모여 집단이 되고 사회가 되니 좀 더 넓은 관점에서 바라보는 능력을 익히고 나면 분명히 얻는 게 훨씬 많아질 것이다.

성장 경험에 투자하라

부자가 되고자 한다면 스스로의 성장에 대한 투자를 아끼면 안 된다. 단순히 투자라고만 하면 책을 사서 읽고 학원에 다니면서 이것저것 배워야 한다고 생각하지만 거기서 멈추면 안 된다. 물론 그것도 성장이지만 경험에 대해 투자하기를 적극 권한다. 예를 들어 국내에 새로운 기술이나 경험을 활용한 콘텐츠가 생기면 반드시 보러가는 것이다. 신기술을 활용한 공연이나 전시를 관람하면 직접 체험할 수 있다. 흔히들 여행을 통해서 많이 배운다고 하는데, 물론 물리적인 공간을 경험하는 여행도 좋은 경험이지만, 우리 주변에서 쉽게 접할 수 있는 콘텐츠적인 경험도 굉장한 도움이 된다.

이것을 좀 더 확장하면, 경험을 갖고 있는 사람을 만나는 데에 투자를 아끼지 않아야 한다는 것으로도 이어진다. 전문가와의 컨설팅이나 대화를 하는 60분에 적게는 수만 원에서 많게는 수백만 원까지 투자하는 사람은 지금도 줄을 섰다. 그런 만남에 투자하는 사람들의 목적은 명확하다. 나를 위해 혹은 내 자녀를 위해 이미 앞서간 누군가의 경험과 노하우가 가득 담긴 정보를 얻고 싶기 때문이다. 그 경험을 돈을 주고 사는 것이다. 그러기 위해서는 성공한 사람들의 이야기를 듣는 데 소홀히 해서는 안 된다. 강연도 좋다. 대부분의 강연자들은 강연이 끝나면 수많은 메일과 전화를 받는다. 그렇게 적극적으로 '먼저 경험한 사람들과의 소통'을 만들 수도 있다. 직접 만날 수 없다면 나를 위한 경험에 투자하고, 좋은 강연을 통해 먼저 경험한 사람들의 삶을 경험해보자. 그러한 경험이 세상을 보는 눈을 키워줄 것이고, 내가 투자하고 선택하고 관리하는 내 인생에 소중한 자산이 될 것이다.

그럼에도 낙관적일 것

2023년에는 부채 경제에 함몰되지 않도록 리스크를 관리해야 한다. 저성장, 인구 감소와 맞물려 당분간 우리 사회는 어려운 상황이 연속적으로 펼쳐질 것이다. 그래서 가능하다면 부채 경제에서 벗어나야 한다. 레버리지 leverage를 축소시켜 안전하게 가는 것이 좋다.

인구가 늘어나는 곳에서 기회를 찾아도 좋다. 대한민국은 인구가 줄고 있지만 베트남 같은 곳은 인구가 늘고 있다. 부채에 의존하지 말라는 이야기일 뿐, 투자 다변화를 하지 말라는 이야기는 아니다. 국내로만 한정지어 보지도 말고 성장성, 수익성, 유동성, 환경성을 고려하고 판단해서 적절한 수준으로 포트폴리오 관리를 시작하자. 이제 한 방을 노릴 수 있는 시기는 지났다. 리스크를 관리하면서 플러스 알파를 올리는 방식으로 포트폴리오를 다용화하자. 저금리 사회의 해법은 고금리 사회에 올라타는 수밖에 없다. 고금리 사회는 성장 사회다. 그렇다면 평균 금리가 높은 베트남 같은 시장의 자산들을 적극적으로 사들이는 방식도 때때로 필요하다.

그리고 부모 세대를 따르지 말자. 선배 세대 추앙모델에서 벗어나야 한다. 지금의 청년들은 그들과 성공방식이 다르다. 요즘은 부모도 제 앞길을 모르는 새로운 시대다. 이제는 부모의 말을 들으면 실패할 확률이 더 높다.

재테크 시장이 무너지고, 부동산 시장이 얼어붙고, 세계 경제 불황이 가속화되고 있다는 뉴스가 쏟아진다. 나라 안팎으로 상황이 나빠지지만, 우리는 이러한 힘든 상황에서도 이상향인 아이디얼타입Ideal type으로 갈 수 있다고 믿고 그쪽으로 가야 한다. 한국 사회는 그만한 역동성이 있는 사회이며 우리가 원하는 쪽으로 갈 수 있는 자질과 조건도 충분히 갖췄다. 지금까지는 우리 사회를 좋은 쪽으로 변화시킬 만한 적절한 넛지nudge가 없었지만 그것은 순식간에 만들어진다. 그러면 새로운 질서는 금방 기획되고 재편되고 확산된다.

적어도 내가 그런 질서를 구축하지 못한다면, 만들어진 질서에 편승해서 따라갈 수는 있어야 한다. 그러려면 새로운 문제를 맞닥뜨렸을 때 "이거 하면 안 돼, 저것도 하면 안 돼" 식의 접근 방식보다는 "이걸 했을 때 뭐가 만들어지지?" 식의 접근을 해서 새로운 가치와 관련돼 있는 낙관적 접근을 해야 한다. 기회는 천천히 온다.

또한 내가 어떤 성공을 원하는지 구체적으로 그리고 상시적으로 공부하자. 돈의 흐름을 알기 위해서는 상황을 분석할 줄 알아야 한다. 아주 철저히 분석하고 공부하다 보면 문제 앞에서 고민하는 시간을 줄이고 행동할 수 있다. 때때로 삶에서는 고민하지 말고 액션해야 할 시기가 온다. 그러니 그때를 대비하여 내 삶에 작은 성공들을 모아 크게 축적시키자. 새로운 실험에 겁내지 말자. 부모 모델을 따라 하지 말라는 것도 같은 맥락이다. 어차피 인생에는 완벽한 정답이 없다. 답이 없는 가운데서 위에서 던져지는 것만 따라갔다가는 빈곤으로 가는 길일 뿐이다.

외롭지만 혼자서 작은 경험들을 통해 자기가 얻을 수 있는 성과들을 하나하나 성공으로 쌓다 보면 선배 세대가 가르쳐 주지 않은 길이 열릴 것이다. 굉장히 만족스러운 길도 내 손으로 열 수 있다.

어디에 시간을 쓸 것인가?

자산을 불리는 방법에는 주식, 채권, 부동산, 가상화폐 등 수많은 투자 방법이 있겠지만, 그 모든 것을 정리하면 사실 두 가지 방법으로 함축할 수 있다. 바로 근로, 사업, 투자를 통해 소득을 늘리거나, 반대로 소비를 줄이는 것이다. 아무리 적게 써도 너무 적게 번다면 부자가 될 수 없고, 아무리 많이 벌어도 그만큼 많이 쓴다면 자산을 불릴 수 없다. 물론 둘 다 중요한 것이지만, 부자가 되기 위해서는 이 한 가지를 꼭 명심해야 한다. 부자가 되기 전에 가장 먼저 실천해야 하는 우선순위는 '돈을 아끼는 것'이지만, 결국 중요한 것은 '돈을 더 많이 버는 것'이라는 사실이다. 왜일까?

예를 들어 한 달에 300만 원을 버는 사람이 아낄 수 있는 돈은, 최소 생활비를 100만 원으로 잡았을 때 200만 원이 된다. 요즘처럼 고물가인 세상에서 그 돈으로 살아가는 것이 쉽지 않다는 건 다들 알 것이다. 생활비를 아끼려면 그만큼 가성비가 좋은 물건을 찾아야 하고, 인터넷 최저가를 찾는 데 많은 시간을 써야 한다는 뜻이다. 좀 더 비현실적으로 한 달에 300만 원을 버는 사람이 한 푼도 안 쓴다는 가정하에 모을 수 있는 돈의 최대치는 300만 원이다. 그런데, 만약 한 달에 300만 원 버는 소득을 두 배인 600만 원으로 늘린다면, 이전에 벌던 소득인 300만 원어치를 아무 생각 없이 다 써도 이전에 벌던 300만 원이라는 돈은 모을 수 있는 것이다. 내가 하고 싶은 말은 소득을 늘리는 데는 제한값이 없지만, 소비를 줄이는 데는 딱 내가 번 소득만큼이라는 제한값이 있다는 것이다. 그렇다면, 우리는 어디에 더 집중해야 하는 것일까? 나아가 소비보다 소득에 집중해야 하는 이유는 소득을 늘리거나 소비를 줄이는 데에 우리의 시간과 에너지가 쓰이기 때문이다.

이와 관련해서 떠오르는 에피소드가 있다. 한번은 직장 동료들이 어느 날 내가 이사한 집으로 집들이 겸 방문했다. 밖에서 1차를 마치고 2차로 우리 집에 들어가던 길이었는데, 지하 1층에 있는 대형마트에 안주를 사러 갔다. 와인 안주로 자연스레 수박과 포도, 치즈 등을 구입해 집으로 올라가는데 한 동료가 웃으며 말했다. "수박이나 포도를 살 때 가격표를 안 보던데요, 돈을 많이 벌면 그렇게 되는 건가요?" 나는 내가 그랬냐며 민망하게 웃었지만, 사실 마트에서 가격표를 안 본 지 꽤 되었다. 또 한번은 친한 친구와 함께 백화점에 옷을 사러 갔다. 내가 좋아하는 한 브랜드에서 옷을 입었는데 마음에 드는 옷을 점원에게 바로 구매하겠다고 했다. 그때 가게를 나오면서 친구가 내게 말했다. "너 옷 살 때 그 옷이 얼마인지 묻지도 않고, 가격표도 안 보더라." 역시나 민망하게 웃었지만, 사실 그 매장에서 가격표를 안 본 지 꽤 되었다. 이렇게만 말하면 돈을 많이 벌어서 펑펑 쓰며 과소비를 한다고 생각하겠지만, 실제 내막은 조금 다르다.

나는 내가 늘 가는 마트의 수박 가격을 대충 알고 있다. 설사 평소 15,000원쯤 하던 수박의 가격이 수요와 공급에 따라 그날따라 좀 비싸서 20,000원이었다고 치자. 그 5,000원 때문에 내가 좋아하는 수박을 안 사는 건 내가 부자가 되고 싶었던 이유가 아닐 뿐더러, 무엇보다 수박을 사지 않으면 다른 무언가를 사야 했기에 또 시간을 들여 고민을 해야 한다. 옷도 마찬가지이다. 소득이 많아졌다고 해서 명품 옷을 사거나, 입어본 적은 없다. 내가 좋아하는 브랜드의 옷값을 대충 알고 있기에 그 가격을 보고 사느냐, 마느냐 고민하는 과정 자체가 내 시간을 빼앗기는 일이다. 무엇인가를 결정하는 것에는 생각보다 많은 시간과 에너지가 필요하기에, 불필요한 영역에 내 소중한 시간이 쓰이는 걸 피하고 싶어할 뿐이다.

이런 상황을 모르는 사람들은 '영수증도 확인 안 하냐, 돈 번다고 막 쓰는 게 아니냐' 라고 생각하겠지만, 그걸 보는 대신 빠른 결정을 하는 것 자체가 경제적인 선택이라고 생각한다. 그리고 여기서 아낀 나의 시간과 에너지를 더 중요한 소득을 어떻게 늘릴까에 매 순간 고민한다. 그런 고민에 쓰는 시간은 절대 아끼려고 하지 않는다.

소득과 소비 둘 다에 많은 시간을 쓰면 좋겠지만 한정된 시간을 분배하는 것이기에 소비를 줄이는 데 시간을 써버리면, 소득을 늘리는 데 써야 할 시간이 부족하다는 사실을 명심하자. 애플의 창업자인 '스티브 잡스' 하면 무엇이 떠오르는가? 검정 터틀넥과 리바이스 청바지를 입은 잡스가 생각나지 않는가? 페이스북의 CEO인 마크 저커버그 하면 무엇이 떠오르는가? 청바지에 회색 반팔 셔츠가 생각나지 않는가? 둘 다 더 중요한 결정을 하는 데 에너지를 쓰기 위해서 패션 같은 것에는 관심이 없는 것이다.

우리에게는 하루 24시간이라는 유한한 시간이 매일 주어진다. 부자가 되기 위해서는 그 소중한 시간을 효율적으로 활용해야 하는데 우리는 가치가 적은 곳에 너무 많은 에너지를 쓴다.

당신은 제한값이 있는 소비를 줄이는 데 많은 시간을 쓰고 있는가? 제한값이 없는 소득을 늘리는 데 많은 시간을 쓰고 있는가? 한정된 시간이기에 제한값이 분명한 곳보다, 확장성이 무한한 곳에 에너지를 쓰는 게 훨씬 더 경제적인 선택이 아닐까? 물론 사람들이 소득을 늘리는 것보다, 소비를 줄이는 데에 에너지를 더 많이 쓰는 이유는 알고 있다. 소비를 줄이면 바로 눈앞에 줄어든 수치가 보이는 반면, 소득을 늘릴 수 있는 가능성에 투자하는 과정은 실패라는 리스크가 있는 데다 피드백도 바로바로 돌아오지 않기 때문이다. 하지만 피드백이 바로 오지 않는다고 지금의 시간을 투자하지 않으면, 우리는 평생 소비를 아끼는 데 시간을 써야 할지도 모른다. 심지어 아껴서는 더 이상 부자가 될 수 없는 시대에 말이다.

당신의 부는
확장 가능성에 달려 있다

주식투자를 할 때 가장 중요하게 보는 것 중 하나는 기업의 성장성일 것이다. 좀 더 구체적으로 말하면 기업 이익의 확장 가능성이다. 과거 아모레퍼시픽과 LG생활건강이 한국에서 주로 팔던 화장품을 중국 시장 진출에 성공해 해외 확장 가능성을 보여준 일로 주가가 크게 오른 것은 지역의 확장 가능성에 해당한다. 지금은 국내 시장을 점령한 대표 플랫폼인 네이버, 카카오의 주가가 죽을 쑤고 있지만, 웹툰과 다양한 서비스를 통해 해외 확장을 끊임없이 시도하고 있는 것이 통하는 날이 온다면 주가는 다시 한 번 꿈틀거릴 것이다. 동국제약 같은 기업이 상처

치료제 마데카솔의 피부재생 성분을 추출해 만든 미백주름개선 크림인 마데카 크림을 시작으로 로션, 선크림 등으로 기능성 화장품 라인업을 늘려가는 것은 제품의 확장 가능성에 해당된다. 즉 A제품의 기술과 인지도를 활용해 B와 C제품을 만드는 것이다. 스타벅스는 제품 확장성과 지역 확장성을 둘 다 잡았다고 볼 수 있다. 커피를 중심으로 과일주스, 차 등의 음료 메뉴와 디저트 류로 확장해 나아갔고, 커피와 연관된 텀블러, 머그컵, 커피용품 등을 팔며 전 세계 어디를 가든 스타벅스 매장을 볼 수 있다. 그래서 기업가치가 142조(2022년 10월 기준)에 달하는 것이다.

이처럼 기업의 성장성을 보여주는 것이 제품과 지역의 확장 가능성이라면, 우리 개인에게도 같은 질문을 던져보면 어떨까? 내가 하고 있는 일이 얼마나 다른 제품 라인업을 만들 수 있고, 다른 지역으로 확장할 수 있냐가 우리의 부를 결정짓는 것은 아닐까? 어렵게 생각할 필요 없다. 제품의 확장성은 기존 고객들에게 얼마나 더 새로운 것들을 팔 수 있느냐를 뜻하고, 지역의 확장성은 얼마나 더 새로운 고객을 유치할 수 있느냐로 생각하면 된다.

만약 세탁소를 운영한다면 체인점을 만들지 않는 한, 큰돈을 벌기는 어려울 것이다. 세탁소라는 업종의 특성상 제품과 지역의 확장성이 닫혀 있기 때문이다. 옷, 신발, 이불을 빨래해주는 세탁소에서 제품 확장도 쉽지 않고, 세탁을 잘한다고 지역을 벗어나기는 어렵기 때문이다. 대전의 손님이 서울까지 오지 않을 것이고, 더 가까운 강남구에 있는 손님도 마포구에 있는 세탁소를 찾아가지는 않을 것이다. 결국 세탁소란 업은 큰 프랜차이즈를 만들어 지역의 확장성을 가지거나 혁신적인 서비스를 내걸고 하는 스타트업이 되지 않는 한, 제한값 이상의 수익을 창출하기가 쉽지 않은 것이다.

그런 반면 식당은 세탁소보다 확장 가능성이 크다고 본다. 대부분의 식당은 그 동네에 사는 지역 주민과 직장인들이 고객의 대부분을 차지하기 때문에 자신의 동네를 벗어나기 쉽지 않다. 하지만 맛만 있다면 다른 구나 시의 손님들도 찾아오기 마련이다. 여행지에 있는 로컬 카페 또

한 마찬가지다. 전국에 있는 손님들이 커피를 마시기 위해 그 가게를 찾고, 그 매장에서 커피 원두나 머그컵 등의 굿즈를 사며 제품의 확장성을 가진다.

기존에 오프라인 매장에서만 핸드메이드 제품을 만들어 판매했다면 백화점과 마트 등으로 오프라인의 영역을 넓히거나, 홈쇼핑을 통해 유통망을 넓혀야 한다. 미국, 유럽 등의 해외에 제품을 수출하면 더 좋다. 한 지역의 제한된 공간에서 판매를 하는 것에는 수요에 한계가 있다. 더 나아가 인기 제품을 토대로 다양한 제품 라인업을 확충할 수 있다면 제품과 지역의 확장성을 통해 수익을 더 높일 수 있을 것이다.

이 모든 것들을 가장 쉽게 도와주는 것은 바로 인스타그램, 블로그, 페이스북, 유튜브 같은 SNS 플랫폼이다. 과거 생산의 3요소는 토지, 노동, 자본이었다. 이 모든 것은 사실 돈이 있는 사람들에게 유리한 것들이다. 돈이 있으면 땅을 살 수 있고, 뛰어난 사람들을 활용할 수 있는 노동을 가지게 된다. 하지만 가진 게 별로 없는 우리에게 이

세 가지는 가질 수 없는 사치 같은 요건에 불과하다. 지금 시대에 새롭게 추가된 네 번째 생산요소인 디지털은 그것을 활용하는 데 앞선 토지, 노동, 자본보다 큰돈이 들지 않는다. 그렇기에 이 책을 읽고 있을 독자분들 역시 이런 디지털 매체를 잘 활용했으면 한다.

SNS는 자영업자들에게 지역 확장성의 문을 열어줄 것이다. 식당과 카페를 운영하는 사람에게 인스타그램은 전국을 대상으로 하는 홍보 전단지가 될 것이고, 꽃집을 운영하는 사람에게 네이버 스마트스토어 같은 쇼핑몰은 전국에 매장을 만드는 것과 같고, 콘텐츠를 만드는 사람에게 유튜브는 전국의 시청자를 모집하는 통로가 된다.

단적인 예로 디자이너나 영상 편집자가 기존의 고객에게만 포스터나 영상을 납품하고 있다면 정말 안타까운 일일 것이다. 왜냐하면 이미 만들어놓은 이미지나 영상이 있기 때문에 각각에 적합한 플랫폼에 올리기만 하면 되는데, 그 포트폴리오를 자신만 갖고 있다면 자신만 볼 수 있는 일기장에 보관해둔 것과 똑같기 때문이다. 지금 당장 인스타그램이나 유튜브를 활용해 본인의 포트폴리오를 공개하고 기존의 고객을 벗어나 전국으로 영업망을 펼쳐야 한다.

이와 같은 지역 확장성은 디지털 기술의 발달로 더 큰 변화를 맞이하고 있다. 과거에는 고객을 직접 만나야만 비즈니스가 가능했으나 근래에는 줌Zoom을 통해 온라인으로도 충분히 비즈니스 미팅이 가능한 시대가 되며 시간을 절약하게 되었다. 또한 지역은 현실공간을 넘어 네이버의 제페토 같은 메타버스 플랫폼을 통해 가상현실에까지 뻗어가고 있다. 언젠가 메타버스 공간에서 극장처럼 시청자와 함께 〈김작가 TV〉 영상을 보는 날이 올지도 모른다.

지금 자신이 하고 있는 일에 최선을 다하고 있는데, 부가 늘어나고 있지 않다면 딱 두 가지만 스스로에게 물어보자. 지금의 내 일에서 제품을 확장할 수 있는 것은 무엇인지, 지역을 확장할 수 있는 것은 무엇인지를. 둘 중 하나만 충족되어도 지금보다 더 큰 부가 당신을 따라올 것이다.

타인의 시간과 에너지를 써라

'부자'란 단순히 돈이 많은 사람을 뜻하는 게 아니라, 남들보다 돈이 많은 소수의 사람을 지칭하는 표현이다. 그런데 개인의 노력만으로 다수보다 돈이 많은 소수가 되는 일이 과연 쉬울까? 모든 사람들에게 하루는 24시간으로 제한되어 있기 때문에 같은 시간을 활용해서 부를 쌓는 것은 결코 쉬운 일이 아니다. 그렇기에 남들보다 부자가 되기 위해서는, 아이러니하게도 타인의 시간과 에너지를 빌려 써야 한다.

부동산 상승기였던 지난 7년 동안, 큰 부자가 된 사람은 자신의 돈만으로 투자한 사람이 아니다. 저금리 시기에 은행의 돈이나 무이자 대출과 다름없었던 전세 레버리지를 활용한, 이른바 '타인의 시간과 돈을 빌린' 사람들이었다.

　스타트업이 기업 가치 1조를 뜻하는 유니콘으로 성장할 때, 투자 유치를 받지 않은 기업은 없다. 마켓컬리, 야놀자, 토스 등 수많은 기업이 그렇게 타인의 돈을 투자받으며 성장해왔다. 대기업에서 근무하는 직장인들은 오전 9시부터 오후 6시까지, 심지어 퇴근 후 회식이라는 핑계로 이어진 업무의 연장선까지 회사에 자신의 시간을 내어주고 있다. 다시 말해, 기업은 수많은 근로자를 고용해 타인의 힘과 시간을 빌리고 있는 것이다. 〈삼프로 TV〉, 〈부동산 읽어주는 남자〉, 〈김작가 TV〉 같은 유튜브 채널은 '전문가'를 섭외함으로써 타인의 '전문 지식 콘텐츠'를 빌렸고, 전 세계에 호텔이 하나도 없지만 시가총액 100조(2022년 10월 기준)가 넘는 에어비앤비는 심지어 남들의 집을 빌려서 사업을 하고 있다. 결국 남들보다 부자가 되기 위해서는 남의 돈이든, 시간이든, 콘텐츠든 그게 무엇이든 남들의 힘을 반드시 빌려야 한다.

강한 힘에는 그만큼의 거대한 책임이 따르듯이 당연히 타인의 힘을 이용하는 과정에서도 책임져야 할 일들은 따른다. 지금 같은 부동산 하락기 때 타인의 돈을 지나치게 빌린 사람은 그 이자를 감당하기 힘들 것이고, 어쩌면 그로 인해 자신의 자산 대부분을 잃을지도 모른다. 타인의 시간을 잘못 빌린 기업은 회사가 잘못된 방향으로 가거나, 그 비용을 감당하지 못해 파산을 할지도 모른다. 타인의 콘텐츠를 잘못 빌린 유튜브 채널은 점차 구독자와 조회수가 떨어져 시청자들에게 외면을 받을지도 모른다.

여기서 중요한 것은 타인의 힘을 빌려야 부자가 될 수 있다는 사실을 받아들이는 것이고, 타인의 힘을 빌리고자 할 때 나 스스로 그것들을 받아들여 적재적소에 활용할 준비가 되어 있어야 한다는 사실이다.

내가 시도하려는 사업이나 콘텐츠에 대한 기본 지식도 쌓지 않고, 해당 분야의 매커니즘을 속속들이 알지도 못한 채 남들이 돈을 벌었다는 공식만 무작정 뒤쫓다 보면 언젠가는 나의 내공 밑천이 고스란히 드러나기 마련이다.

부동산이나 주식 분야라면 수년 후의 수익 결과가 그것을 반증할 것이고, 오프라인 매장이라면 그곳을 찾는 소비자들의 매장 이용 빈도수에서 드러날 것이고, 상품을 판매하는 온라인 매장이라면 연간 매출과 소비자들의 실제 리뷰가 결과를 말할 것이다.

즉 내가 계획하는 일을 성공하기 위해서는 남들의 에너지와 시간을 빌리는 동시에, 그것을 200% 활용할 수 있는 나만의 내공을 쌓아야 한다는 말이다. 그런 내공을 쌓는다는 것은 말처럼 쉽지 않고, 하루아침에 되는 일도 아니지만 일단 도전하려는 분야에 대한 트렌드와 그에 따른 자본의 흐름을 읽어내는 안목과 열정이 필요하다.

2023년에 주목받을 45가지 '머니 트렌트' 키워드를 담은 이 책으로 미래를 내다보는 안목과 생각의 힘을 키우고, 나아가 '부의 반열'에 오를 첫발을 내딛는 자신만의 터닝포인트를 찾기를 바란다. 지금, 당신에게 필요한 힘은 어떤 힘이며, 시간은 어떤 시간인가? 당신은 그것들을 충분히 활용할 준비가 되었는가?

머니 트렌드 45개보다 중요한,
변하지 않는 한 가지

유튜브에서 재테크 크리에이터로서 〈김작가 TV〉 채널을 구독자 150만 명 규모로 성장시키면서, 무수히 많은 출판사로부터 투자 관련 도서를 출간하자고 제안받았습니다. 높은 인세와 좋은 조건을 내민 출판사도 많았지만, 그때마다 출간을 거절한 것은 투자 관련 도서를 내기에는 실력이 부족하다는 것을 알았기 때문이었습니다. 하지만 마음 속 한편에는 "언젠가는 꼭 도움이 절실한 누군가에게 정말 필요한, 의미 있는 투자서를 쓰고 싶다"는 생각을 품고 있었습니다.

그러다 유튜브에서 〈부동산읽어주는남자〉 채널을 운영하고 있는 정태익 저자를 만났습니다. 혼자 생각하던 것을 함께 공유하고, 구체적인 이미지로 만들어가면서 꿈은 현실이 되어가고 있었습니다. 우리 둘만으로는 부족하다고 생각해서 믿을 만한 전문가와 해박한 지식을 공유해줄 분들도 모시기로 했습니다.

주식에는 브이아이피자산운용의 최준철 대표를, 부동산에는 서울대학교 환경대학원 김경민 교수를, 테크에는 경희대학교 경영대학원 김상균 교수를, 인구에는 한양대학교 국제학대학원 전영수 교수를, 경제 전망에는 이코노미스트 홍춘욱 박사를 모셨습니다. 이렇게 돈과 밀접한 분야의 최고 전문가들을 모으고 나니, 독자 분들께 부끄럽지 않은 책을 낼 수 있겠다는 자신감이 생겼습니다.

필자가 전문가분들께 얻고자 했던 답이자, 공동 저자들이 가장 고심했던 질문은 바로 "2023년의 머니 트렌드는 무엇일까?"였습니다. 모든 분야의 전문가분들은 "2022년이든 2023년이든, 돈에 관한 본질은 크게 달라지지 않을 것"이라는 공통적인 생각을 갖고 계셨기 때문입니다. 어느 시기를 살고 있든, 해마다 부자가 되는 분야이자 돈이 몰리는 곳은 있기 마련입니다.

2020년에는 코로나 사태가 터지면서 주식 시장과 유튜브에 돈이 몰렸고, 2021년에는 메타버스와 NFT 시장에 돈이 몰렸습니다. 2022년에는 급격한 금리 인상의 시기로 안전한 예금에 돈이 몰렸으니, 분명히 2023년에도 돈이 모이는 곳은 반드시 있을 것입니다. 하지만 그렇게 매해 바뀌는 돈의 흐름에서도 변하지 않는 게 있었습니다. 불황 속에서도 부자가 되는 이들의 노력과 태도, 접근 방법이었습니다.

10년 동안 성공한 인물 1,000명을 인터뷰해온 필자 또한, 돈에 관한 인터뷰를 하면 할수록 놀랍게도 결론은 비슷하다는 생각이 들었습니다. "부자가 되는 길은 생각보다 훨씬 더 확실하구나. 확실하게 정해진 정답의 길로 가는 게 어려워서, 쉬운 길만 찾다가 더 어려운 인생을 사는 건 아닐까?" 그래서 책에는 2023년에 사람들의 관심과 돈이 몰릴 45가지 머니 트렌드를 추려내어 골라 담았고, 무엇보다 머니 트렌드에 도달할 수 있는 '돈의 본질'을 담고자 정성을 들였습니다.

주식 관련 유튜브 채널을 운영하며 구독자 150만 명을 가진 필자와 부동산 관련 유튜버를 운영하며 구독자 100만 명을 가진 정태익 저자는 비슷한 분야의 일을 하며 우리가 함께할 수 있는 일을 찾았습니다. 유튜브 채널을 운영하는 다른 사람들이 종종 하는 것처럼 강좌 플랫폼을 제작할 것인지, 출판사를 만들 것인지도 고민했습니다. 하지만 비즈니스의 방향과 목표가 다른 우리가 무언가를 같이 하는 것은 현실적으로 쉽지 않았고 서로가 공통적으로 의견을 모을 수 있었던 것은 각자의 장점을 살린 '머니 트렌드 2023'을 기획하는 일이었습니다.

어찌 보면 그전에 함께하고자 기획했던 수많은 프로젝트들은 다 실패였을지 모릅니다. 하지만 그 과정이 있었기에 지금의 책이 나올 수 있었으니, 성공의 과정이었다고 볼 수도 있습니다. 그래서 마침내 도서가 출간될 즈음에는 이렇게 입을 모았습니다.

"우리의 수많은 고민과 만남이 아무 의미가 없었던 건 아니었구나. 처음부터 다른 생각을 하지 않고 이 책을 기획했으면 좋았겠지만, 그 만남과 대화의 시작과 과정이 있었기에 여기까지 온 거겠지."

독자 여러분들도 《머니 트렌드 2023》을 한 번 읽는다고 해서 지금 당장 내 월급이 늘어나는 것도, 2023년 한 해 만에 갑작스레 부자가 되는 것도 아닐 것입니다. 그럼에도 불구하고 돈에 대해 알아가고 배워가는 과정을 포기하지 않는다면, 언젠가 이 책처럼 의미 있는 결과를 낳을 것이라 믿어 의심치 않습니다.

우리가 앞으로도 계속 돈의 흐름을 읽을 수 있도록 서로 가진 정보를 나누고 받아들인다면, 우리는 부에 한걸음 더 가까워질 수 있을 것입니다. 필자들이 더 많은 사람들에게 도움이 되겠다는 마음을 포기하지 않듯이, 여러분 인생에서도 생각보다 더 많은 돈을 벌 수 있다는, 그렇게 부자가 되어 내 삶에 좀 더 많은 자유와 여유로움이 생겨 행복할 수 있다는 마음을 포기하지 않았으면 합니다.

끝으로 극심한 경기 불황으로 주식과 부동산 시장이 무너진 이 시기에 《머니 트렌드 2023》이 왜 필요하냐고 묻는 분께 이 말씀을 드리고 싶습니다. 공부란 늘 그런 것이라고요.

주식과 부동산 시장이 정점을 찍었던 2021년의 돈은, 이미 공부를 마친 사람들의 몫이었습니다. 다음번에 올 상승장에 부자가 될 사람은 분명 지금 공부를 하고 있는, 바로 이 책을 읽고 있는 당신이 될 것입니다.

2022년 겨울,

김도윤

정태익

30대 초반, 대기업에 입사했지만 회사가 주는 월급만으론 절대 부자가 될 수 없다는 사실을 깨닫고 부동산 투자에 뛰어들었다. 차근차근 쌓아 올린 투자 지식과 특유의 결단력으로 12년간 30채가 넘는 부동산에 투자하면서 그 과정에서 얻은 지식을 유튜브 〈부읽남 TV〉를 통해 공유하면서 99만 구독자(2022년 10월 기준)와 함께 대한민국 부동산 유튜브 채널 1위를 달성, 부동산 투자 전문가로 자리매김했다. 첫 저서 『운명을 바꾸는 부동산 투자 수업』은 재테크 분야 최단 기간 11만 부 판매 기록을 세웠다.

김도윤

자기계발 분야 베스트셀러 작가이자, 구독자 148만 명(2022년 10월 기준) 유튜브 채널 〈김작가TV〉의 운영자. 10년 동안 1,000명이 넘는 성공한 인물을 인터뷰해오며 전문 인터뷰어로서 독보적인 영역을 구축해왔다. 특유의 친화력과 돌직구 질문으로 사람들이 가장 궁금해하는 답을 속 시원하게 끌어내는 것으로 유명하다. '대한민국 인재상(대통령상)', '고용노동부 청년 멘토', '대한민국 국민대표 61인' 등의 타이틀이 있다. 저서로는 『럭키』, 『유튜브 젊은 부자들』, 『1등은 당신처럼 공부하지 않았다』 등이 있다.

김경민

서울대학교 지리학 학사, UC 버클리 정보시스템 석사를 거쳐 하버드대학교에서 도시계획·부동산 연구로 박사 학위를 받았다. 대한민국 최고의 부동산 전문가로, 현재 서울대학교 환경대학원 도시계획 전공 교수로 재직 중이다. 주요 연구 분야는 빅데이터 기반 부동산 시장 분석, 글로벌 오피스 비교, 공공민간협동개발 등이다. 저서로는 『부동산 트렌드 2023』, 『건축왕, 경성을 만들다』, 『도시개발, 길을 잃다』, 『리씽킹 서울』 등이 있다.

김상균

경희대학교 경영대학원 교수. 로보틱스, 산업공학, 인지과학, 교육공학 등 다양한 학문을 공부했으며, 방송과 강연 등 다양한 방면에서 메타버스, 게이미피케이션, 기업가정신 전문가로 두각을 나타내며 활발히 활동하고 있다. 롯데정보통신, 갤럭시코퍼레이션, 게임문화재단, CJ나눔재단 사외이사를 맡았으며, 저서로는 『메타버스 1, 2』, 『브레인투어』, 『세븐 테크』(공저) 등이 있다.

전영수

인구 통계와 세대 분석을 통해 사회 변화를 연구하는 경제학자. 한양대학교 국제학대학원 교수로서 혁신 인재를 양성하며 사회 발전을 위한 다양한 연구를 진행하고 있다. 주요 관심사는 인구변화의 제반현상과 대응체계를 비롯한 균형발전 및 지속가능성 등이다. 이를 통해 한국 사회의 장기적이고 건강한 행복 모델을 구축하는 것이 목표다. 대통령직속 일자리위원회 전문위원(전)을 비롯해 기획재정부, 고용노동부, 서울시 등의 의원회에서 다각적인 관련정책을 연구하고 조언한다. 저서로는 『소멸위기의 지방도시는 어떻게 명품도시가 되었나』(공저), 『대한민국 인구 트렌드 2022-2027』, 『대한민국 인구·소비의 미래』, 『한국이 소멸한다』 등이 있다.

최준철

브이아이피자산운용 대표. 서울대 주식 투자 동아리SMIC에서 활동하며 동기 김민국과 함께 저서 『한국형 가치투자 전략』을 썼다. 두 사람은 대학 4학년이던 2003년 '가치투자 개척자Value Investment Pioneer'를 모토로 내걸고 VIP투자자문을 설립, 현재 운용 자산 3조 원 규모의 자산운용사로 키웠다. 한국의 대표적인 가치투자자로 꼽히며 건전한 투자 문화를 전파하는 활동을 적극적으로 이어가고 있다.

홍춘욱

연세대학교 사학과를 졸업한 뒤 고려대학교 대학원에서 경제학 석사, 명지대학교에서 경영학 박사학위를 받았다. 1993년 한국금융연구원을 시작으로 국민연금 기금운용 본부 투자운용팀장, KB국민은행 수석 이코노미스트 등을 거쳐 현재는 리치고인베스트먼트 대표로 일하고 있다. 2016년 조선일보와 에프앤가이드가 '가장 신뢰받는 애널리스트'로 선정했으며, 수년간 부동산 및 금융 분야, 국제 경제 전망을 아우르는 전문가로서 각종 미디어의 1순위 인터뷰어로 손꼽혀왔다. 저서로는 『투자에도 순서가 있다』, 『돈의 역사는 되풀이된다』, 『50대 사건으로 보는 돈의 역사』 등이 있다.

머니 트렌드 2023
45가지 키워드로 전망하는 대한민국 돈의 흐름

ⓒ 정태익, 김도윤, 김경민, 김상균, 전영수, 최준철, 홍춘욱, 2022

초판 1쇄 발행 | 2022년 11월 15일
초판 5쇄 발행 | 2022년 11월 28일

지은이 | 정태익, 김도윤, 김경민, 김상균, 전영수, 최준철, 홍춘욱
기획편집 | 이현주, 한나비
디자인 | tree

콘텐츠 그룹 | 한나비, 이현주, 전연교, 박영현, 장수연, 이진표

펴낸이 | 전승환
펴낸곳 | 북로망스
신고번호 | 제2019-00045호
이메일 | book_romance@naver.com

ISBN 979-11-91891-23-2 03320